Renata Peixoto

O DESPERTAR DA PROSPERIDADE

UMA JORNADA PRÁTICA PARA ATRAIR ABUNDÂNCIA EM TODAS AS ÁREAS DA SUA VIDA

ALFABETO

Direção Editorial: Edmilson Duran
Produção Editorial: Rackel Accetti
Revisão: Ana Proa
Capa: Décio Lopes
Diagramação: Décio Lopes
Designer Generativo: KaAria Mystica

DADOS INTERNACIONAIS DE CATALOGAÇÃO DA PUBLICAÇÃO

Peixoto, Renata

O despertar da prosperidade: uma jornada prática para atrair a abundância a todas as áreas da sua vida / Renata Peixoto – 1ª Edição. Editora Alfabeto, São Paulo/SP, 2025.

ISBN: 978-65-87905-88-4

1. Autoajuda 2. Desenvolvimento Pessoal 3. Sucesso 4. Prosperidade 5.Riqueza I. Título

ALFABETO
www.editoraalfabeto.com.br

EDITORA ALFABETO
Rua Ângela Tomé, 109 - Rudge Ramos | CEP: 09624-070
São Bernardo do Campo/SP | Tel: (11)2351.4168
editorial@editoraalfabeto.com.br

SUMÁRIO

DEDICATÓRIA

Dedico este livro a todas as almas que sentem que existe algo além da sobrevivência.

Aos que já cansaram de lutar com a vida e agora desejam dançar com ela.

Aos que escutaram, mesmo que em silêncio, o chamado para despertar.

Este livro é para quem já não aceita viver desconectado de si, da sua verdade e da sua prosperidade.

Para quem decidiu lembrar que nasceu para mais — e está pronto para tomar posse disso.

Se este livro chegou até você, confie: é porque a sua alma já está pronta.

Gratidão profunda a todas as consciências que passaram pelo meu caminho e deixaram sementes de luz, de dor, de sabedoria e transformação. Cada experiência foi parte essencial do meu próprio despertar, e sem isso este livro não existiria.

Aos meus mestres, mentores e aprendizados — visíveis ou invisíveis meu amor e meu respeito.

E a você, que agora lê estas palavras com o coração entreaberto, obrigada por existir.

Que este livro seja um espelho do que já vive em você.

APRESENTAÇÃO

ESTÁ PRONTO PARA INICIAR O SEU DESPERTAR?

Querido afortunado, seja muito bem-vindo ao **Despertar da Prosperidade**. É uma honra muito grande ser o canal que irá conduzir você nesta jornada. Com este livro, quero ajudar você a expandir o seu nível de consciência para que a abundância se torne algo natural em sua vida. E tudo o que vou apresentar aqui nasceu das minhas próprias experiências, porque eu já estive no lugar que talvez você se encontre hoje: o da escassez financeira. Mas consegui sair dele após estudar muito e aprender como mudar a minha realidade. E é justamente esse caminho que me proponho a compartilhar aqui, porque, se deu certo para mim e para as diversas pessoas que atendo, tenho certeza de que vai trazer resultados para você também.

Sete anos atrás, eu era uma pessoa que vivia no mais absoluto inconsciente. E por que digo isso? Porque eu trabalhava em algo totalmente desconectado da minha missão, do meu propósito de vida. Porém, não tinha consciência de nada disso. Para mim, estava tudo bem. Até que, um dia, despertei. E para você entender melhor como se deu a minha transformação, vou contar um pouquinho da minha vida.

Eu nasci e moro em Brasília. E, aqui, respira-se concurso público. Quando você conhece uma pessoa, em vez de ela querer saber qual é o seu nome, a pergunta é: "Você é de que órgão?". Brincadeira, claro! Mas a verdade é que, na capital, há um número enorme de concursados, assim como acontecia na minha família, em que existem servidores da área de segurança pública.

Quando eu era criança, nem sonhava o que queria ser quando crescer. Fui criada num ambiente com pouco dinheiro e, aos 13 anos, já comecei a trabalhar. Como eu queria muito estudar numa determinada escola que era longe de casa, precisava ter o dinheiro da passagem. Descobri, então, que poderia ajudar a vender nas barracas de feira, ganhando comissão. E assim fiquei até os meus 18 anos. Depois, até os 24, trabalhei em lojas. Ou seja, foram 11 anos no comércio, e eu já estava exaurida dessa rotina. Queria mudar de área, ter tempo para estudar... E sem perceber que estava começando a criar a minha própria realidade, conheci a minha atual cunhada, que estudava para concurso. Foi ela quem me perguntou pela primeira vez: "O que você quer fazer da vida?".

Nossa, eu não tinha ideia. Achava que vivia apenas para trabalhar e pagar boletos, e que não existia isso de fazer aquilo do que se gostava. Assim, influenciada por ela, comecei a minha jornada desenfreada para passar num concurso. Mas para qual? Nem isso eu sabia... Foi aí que lembrei que na minha família havia pessoas na carreira policial. E, para pertencer, decidi estudar para entrar para a Polícia Militar.

Até que o Universo resolveu me dar um empurrãozinho. O Todo (Deus), que é puro amor, decidiu fazer o quê? "Ah, minha filha, você quer ser servidora? Então vamos ver se isso vai ressoar no seu coração. Vou colocar você para trabalhar num órgão público." E assim aconteceu algo incrível. Um dia, fui resolver um problema num órgão que era autarquia do Ministério da Educação. Quando entrei lá, me arrepiei toda e, mesmo sem saber, coloquei em prática a Lei da Atração, dizendo: "Ah, meu Deus, deve ser muito bom trabalhar aqui. De segunda a sexta, das oito às cinco...". Para mim, que vinha do comércio, era o País das Maravilhas. Três meses depois, comecei a trabalhar lá, preenchendo uma vaga como terceirizada.

Eu achava que ali, realmente, todo mundo era feliz. Na minha cabeça, toda pessoa concursada se sentia realizada, porque, afinal, tinha estabilidade. Ledo engano. Com o passar do tempo, fui percebendo que a maioria dos colegas lá dentro estava sempre estudando, estudando, estudando... E eu perguntava: "Para que isso, você já não passou num concurso?". E ouvia a resposta: "Esse órgão aqui não é legal, não. Bom mesmo é ir pro Tribunal". Isso me deixou confusa, mas, mesmo assim, eu seguia acreditando que, para pertencer, precisava continuar tentando entrar para a carreira policial.

Embora alguma coisa tenha mexido dentro de mim, ignorei essa situação e mantive a minha rotina: no horário do meu almoço, ia para a biblioteca estudar; quando saía do trabalho, ia direto para o cursinho e só chegava em casa perto de 23 horas. Mas isso foi começando a ficar muito pesado para mim. Passei a ter crises de ansiedade e o início de uma depressão. Eu me sentia completamente desconectada, fingindo para todo mundo que estava tudo bem. Um dia, na biblioteca, comecei a chorar em cima dos livros. Olhava ao meu redor e, nas baias do lado, via todo mundo estudando, e então falei: "Gente, não é possível, eu tô louca. Por que eu tô fazendo isso? Isso aqui não é pra mim". Realmente achei que estivesse pirando...

Eu estava com 26 anos e tinha o limite até 30 para entrar para a Polícia. E vinha investindo um dinheirão nos meus estudos, inclusive tendo contratado um coach para criar um cronograma para me ajudar a passar. Então, todos à minha volta já me viam fardada. E eu também achava que era o que queria, porque, afinal, as pessoas só me dariam moral se eu fosse uma servidora pública. Sentia que precisava disso para pertencer. Só que, na verdade, aquilo era uma pura desconexão do meu propósito – o qual, no fundo, eu ainda nem conhecia.

Estava muito perdida... Mas uma coisa ficou nítida para mim: eu não queria mais ser policial. Não aguentava mais nem ver direito constitucional e direito penal na minha frente! Mesmo assim, continuei mentindo para a minha família, para o meu coordenador no trabalho, para os meus amigos... Todos achavam que eu permanecia estudando. E agora, o que eu iria fazer da minha vida?

Foi então que caiu nas minhas mãos um livro maravilhoso: *O Poder do Subconsciente*, de Joseph Murphy. À medida que ia lendo, tudo foi clareando: "Nossa, é assim que funciona a nossa mente?".

Outros livros foram chegando até mim, e um deles foi *O Poder da Ação*, de Paulo Vieira, no qual eu descobri a danadinha da autorresponsabilidade. E foi difícil, porque tive que parar de culpar os outros – como meu pai e minha mãe – pela vida miserável que eu levava.

E aqui cabe abrir um parêntese... A essa altura, a minha realidade financeira estava um caos. Eu era totalmente descontrolada com dinheiro e tinha várias dívidas, como financiamentos em bancos e até empréstimos com agiotas. O meu salário nunca durava o mês inteiro e, por exemplo, eu via os meus colegas de trabalho irem lanchar e comprar uma tapioca que custava R$ 3, e nem esse valor eu tinha. Pensava: "Meu Deus, isso não é possível". Eu possuía muitas crenças relacionadas a dinheiro, já que a minha família sempre enfrentou dificuldades financeiras extremas. No meu inconsciente, pensava: "Ter dinheiro não é bom, vai me afastar da minha família, Se eu tiver dinheiro, vou ser uma pessoa arrogante". Eram coisas que eu fui ouvindo ao longo da minha infância e que ficaram gravadas dentro de mim.

Bem, voltando aos livros, a minha mente explodia a cada novo que eu lia. Na biblioteca, fingia que estava estudando as minhas apostilas, mas, na verdade, aproveitava para pesquisar cada vez mais sobre autoconhecimento. Também passei a seguir pessoas maravilhosas desse ramo em canais no YouTube, sem jamais imaginar que, algum dia, iria trabalhar com isso. Eu só queria olhar para dentro de mim e me curar, porque achava que estava doida. Vivia chorando, minha vida estava toda estragada, minha prosperidade era zero – nem era eu quem pagava o meu cursinho – e estava ciente de que tinha uma relação péssima com o dinheiro.

Até que, um dia, vi um anúncio sobre um curso que prometia reprogramar a minha mente e eliminar as minhas crenças. – era um tal de Theta Healing, que eu nunca tinha ouvido falar. Caro demais... Porém, eu consegui o cartão de crédito emprestado do meu sogro e parcelei em um milhão de vezes. E, olha, foi a última vez que pedi o cartão para alguém! No início, eu só queria tratar a mim mesma. Pensava: "Deus me livre cuidar de outra pessoa! Tenho medo disso... Eu só quero me limpar!".

E eu fui me limpando tanto que tive a coragem de contar para todo mundo que havia desistido de fazer concurso e tinha iniciado meus estudos em marketing digital. Eu já estava começando a ter clareza a respeito da direção que queria tomar... E ela veio ainda mais quando, por conta de um exercício do curso, tive que perguntar para cinco pessoas próximas de mim o que elas achavam que eu era boa. Todas responderam: ajudar as pessoas. "Você está sempre nos ouvindo... Sua mesa parece até um consultório" – sim, eu realmente gostava disso. Então, criei um perfil no Instagram chamado Seja Positivo, só com frases inspiradoras, e fui usando tudo o que aprendia no meu curso de marketing. Mas eu nem mostrava a minha cara. Antes de entender qual era o meu propósito, tinha muita resistência em aparecer.

Pois bem, um curso foi puxando outro e, quando dei por mim, eu havia me embrenhado pelo caminho das terapias e meditações, e acabei me tornado uma terapeuta holística – e, aos poucos, fui manifestando os clientes, embora também tenha resistido demais a atender porque achava que não seria capaz. E continuava com o Seja Positivo. Com as técnicas de marketing digital que aprendi, já tinha 35 mil seguidores. E aí decidi fazer um exercício de cocriação, para que esse número, em seis meses, aumentasse para 100 mil. Era uma meta alta... Para a minha surpresa, os seguidores subiram para 200 mil! Foi um caminho sem volta. Tomei coragem de gravar vídeos, perdi o medo da rejeição ao fazer *lives* e passei a dar cursos. Até que, quando comecei a faturar três vezes mais do que ganhava como terceirizada naquela repartição pública, finalmente me desliguei do que era totalmente desconectado do meu propósito.

Hoje, quase sete anos depois, me orgulho em dizer que sou professora de autoconhecimento, já tendo auxiliado mais de 16 mil alunos em todo o mundo a retomarem o seu poder pessoal, se reconectarem com a sua essência e desenvolverem a prosperidade e a plenitude em todos os níveis. Sigo com o meu trabalho de terapeuta energética e de reconexão, ajudando na desprogramação de crenças e elevação da consciência. Também sou palestrante e escritora, já tendo lançado, além deste, o livro *Mensagens do Universo* (Editora Madras). E, acima de tudo, sou criadora da minha própria realidade, tendo consegui mudar 100% da minha vida.

O meu propósito, portanto, é mostrar para as pessoas que elas podem sair do ciclo vicioso que as prende à escassez. Isso porque eu acredito que todo mundo merece acessar a prosperidade em todas as áreas da vida, se conectar com o Todo e ter abundância e paz. E o autoconhecimento é o primeiro passo para isso. Hoje, sou outra pessoa. Existe uma Renata antes do autoconhecimento e outra Renata depois de se conhecer. E qual é a importância de você saber sobre a minha vida? É que eu quero falar ao seu coração, para que você possa ressignificar a sua história.

Nas páginas a seguir, vou ajudar você a mergulhar no seu interior e fazer uma limpeza emocional. Que tal abrir espaço para que o novo se manifeste em sua vida? Essa é a minha proposta. Se você é do tipo que costuma falar "Eu estou sentindo que minha vida está parada, não anda...", este livro será essencial para mudar essa realidade.

Mas fique bem tranquilo porque esse processo não precisa ser doloroso. Ao contrário, será simples, descomplicado, leve. E muito prático! A seguir, você vai expandir a sua consciência em quatro etapas: na primeira, vai entender como anda a sua noção de prosperidade hoje; na segunda, vai avaliar tudo o que tem feito que pode estar afastando a vida próspera com que tanto sonha; na terceira, aprenderá como agir para se tornar abundante; e na quarta, vai saber como usar a Lei da Atração a seu favor.

O mais bacana disso tudo é que, ao final da maioria dos capítulos, vou trazer exercícios para ajudar você a se autoconhecer, se auto-observar e realizar as mudanças necessárias para ter uma mentalidade próspera. Mas, se preferir, pode comprar um caderno totalmente dedicado para escrever as respostas a essas atividades. O importante é fazer, deixando que venham à tona as suas emoções! E tem mais: também vou compartilhar algumas meditações que serão maravilhosas para reprogramar a sua mente e deixá-lo bastante alinhado com o fluxo da abundância. Bastará apontar o seu celular para o QR Code indicado e ouvir a minha própria voz conduzindo você nesse mergulho interior.

Olha, vai ser muito importante você tirar um tempinho no seu dia a dia corrido só para estudar tudo o que trago neste livro e praticar o que proponho. Será o seu momento! E quer saber qual é o primeiro mandamento de uma pessoa próspera? O compromisso. Então, agora chegou a hora de se comprometer em expandir a sua consciência e se dedicar à pessoa mais importante da sua vida: você. Esteja empenhado e realmente comprometido com o processo de elevar o seu nível de prosperidade.

> Mas, atenção, este livro não traz nenhuma fórmula mágica, e sim algo realmente capaz de alterar a sua realidade: a mudança de suas crenças e a elevação de seu padrão emocional e vibratório.

Prepare-se para ter outros sentimentos e, a partir daí, outras ações. E você vai ver só: a abundância começará a fluir bem rapidamente. Afinal de contas, a prosperidade já está disponível. Eu vou apenas ajudar a tirar a venda de seus olhos para que você a acesse.

Bora despertar?

Era uma vez, numa terra muito distante, um jovem que foi à floresta e disse ao seu mestre espiritual:

– Eu desejo ter uma riqueza sem limites e, com essa riqueza sem limites, quero ajudar a curar o mundo. Poderia, por favor, me ensinar o segredo da prosperidade, mestre?

O mestre espiritual lhe respondeu:

– Existem duas deusas que moram no coração de todo ser humano. Mas eu vou lhe contar um segredo. Embora você sinta um amor profundo por essas duas deusas, deve prestar mais atenção a uma delas: à Deusa da Sabedoria. Seu nome é Saravasti. Procure por ela, ame-a e lhe dê atenção. A outra deusa, cujo nome é Lakshmi, é a Deusa da Prosperidade. Quando você se dedica muito a Saravasti, Lakshmi se sente enciumada e presta mais atenção em você. Então, quanto mais você buscar a Deusa da Sabedoria, mais a Deusa da Prosperidade vai ficar enciumada e vai querer ir atrás de você.

— PARTE 1 —

ONDE VOCÊ ESTÁ AGORA?

• CAPÍTULO 1 •

AFINAL, O QUE É PROSPERIDADE?

"A prosperidade não é apenas sobre dinheiro; é sobre viver uma vida plena, com saúde, felicidade, amor e abundância em todas as áreas."

Rhonda Byrne

VOCÊ ACREDITA QUE SER PRÓSPERO É TER MUITO DINHEIRO? Para começar o seu despertar, sinto muito em lhe dizer: não! É claro que o dinheiro também faz parte da prosperidade. É uma energia de troca, não sendo nem bom, nem ruim. Mas, claro, ele traz para você a liberdade. Só que de nada adianta ter abundância financeira se você não sentir essa prosperidade também, por exemplo, no seu relacionamento, no seu círculo social, nas suas amizades.

O primeiro passo de nossa jornada, então, está em você compreender que ser próspero vai muito além de dinheiro. A palavra prosperidade vem do latim, *prosperitate*, que significa que uma pessoa está plena e em estado de ascensão quando há um conjunto de felicidade em várias áreas da vida. Ou seja, ela será próspera em sua saúde, nas amizades, no relacionamento amoroso, no seu financeiro e em tudo o mais! De nada adianta você ter muito dinheiro se não sentir essa prosperidade, por exemplo, nas boas relações com a sua família. Precisamos ter equilíbrio nas diversas áreas para, assim, sermos realmente prósperos.

Mas como fazer para entrar nesse fluxo de prosperidade? Bem, sempre que você se sentir separado do Todo – de Deus, da energia criadora, do Pai, como queira chamar... –, se afastará desse fluxo da abundância. Sabe quando você pensa:

"Poxa, Deus se esqueceu de mim..."?

É uma sensação de vazio existencial, de não pertencimento, não é mesmo? Isso mostra que você está vibrando na escassez, porque está se sentindo separado. Então, para que volte a entrar no fluxo da prosperidade, precisa se reconectar, fazer as pazes consigo mesmo e, assim, fazer as pazes com o Todo.

O TODO É POR AMOR!

Muitas vezes, temos a ideia de que Deus é um velhinho com um porrete na mão, sempre pronto a nos julgar e condenar. E que Ele estaria triste porque fazemos determinadas escolhas. Não, não é nada disso! Existe um mantra que eu sempre falo:

"O Todo é por amor".

Portanto, Ele está sempre pronto a nos acolher, de braços abertos, esperando a nossa reconexão. Toda vez que você estiver vivendo essa fusão, estará em alinhamento com a prosperidade e tudo vai se desenrolar bem na sua vida. Você se sentirá pertencente, porque voltou para a sua essência – a essência divina, que é o estado natural de prosperidade.

Entenda que, para você atrair a verdadeira prosperidade, precisa começar a tirar a venda dos olhos e compreender que não está separado. Todos nós fazemos parte desse grande conjunto de energias chamada Todo. Você pertence, você é amado, você é guiado. Não há certo ou errado em como está a sua vida hoje. Você está no lugar exato em que deveria estar, nem adiantado, nem atrasado. Porém, ao se alinhar com a energia criadora de tudo, conseguirá trazer ainda mais prosperidade para as várias áreas de sua vida. Chegou a hora, então, de você se voltar para dentro, resgatar a sua essência e começar a fazer esse alinhamento com o Todo.

Mais uma vez, convido você: bora despertar? Bem-vindo à sua reconexão com o Todo!

Bora praticar?

Dê uma nota de zero a dez para o nível de prosperidade nas seguintes áreas de sua vida:

Finanças:

Saúde:

Relacionamentos:

Trabalho:

Propósito:

Espiritualidade:

Servir (como tem ajudado outras pessoas):

Social:

Família:

Agora, escreva a seguir quais foram os momentos da sua vida em que você se sentiu desconectado do Todo. Será que ainda se encontra assim? Inclua abaixo os seus sentimentos:

Entendendo o exercício

Você está dando os primeiros passos no processo de expandir o seu nível de consciência sobre a prosperidade. Então, ao dar notas para as áreas de sua vida, poderá se surpreender:

> "Nossa, até que aqui não está tão ruim...".

Mas saiba que, às vezes, todas as áreas podem estar desequilibradas. E está tudo bem quanto a isso! O importante é você adquirir esse nível de entendimento para que possa se organizar internamente e, assim, operar as mudanças externamente.

Para que volte a entrar
no fluxo da prosperidade,
precisa se reconectar,
fazer as pazes consigo mesmo e,
assim, fazer as pazes com o Todo.

@renatapeixotoh

• CAPÍTULO 2

RESGATE O SEU PODER PESSOAL

"Somos 100% responsáveis por todas as nossas experiências. Tudo o que pensamos e acreditamos cria o nosso futuro."

Louise Hay

NO EXERCÍCIO DO CAPÍTULO ANTERIOR, VOCÊ TEVE UM panorama de como está a sua vida hoje. E agora eu vou lhe informar algo que talvez doa: se a sua realidade atual não é a das mais agradáveis, o mérito é seu. Eu falo isso com total empatia, porque é um lugar no qual eu também já estive: o de vítima. Na maioria esmagadora das vezes, nos colocamos nesse papel. Quando vivemos no inconsciente, é muito comum vibrarmos nele. Mas, a partir de agora, você estará pronto para assumir o controle da sua existência, entendendo que é o criador da sua realidade. Para isso, precisa resgatar o seu poder pessoal.

Você não acredita que é capaz de criar a sua realidade? Pois saiba que faz isso de duas maneiras: inconsciente e consciente (de forma deliberada, intencional, desperta). Quando cria inconscientemente, na maioria das vezes gera algo que não queria. E aí passa a se sentir uma vítima – da sociedade, de seus pais, do governo, da crise... Você sempre encontrará culpados, porque acha que não tem domínio sobre o que lhe acontece. É então que surge aquele lampejo de raiva, e você entra na sua criança emocional: vai espernear até que alguém venha fazer algo pela sua situação. Porém, quando desperta a sua consciência, consegue entender que existem padrões e programas no seu inconsciente que estão criando a sua realidade, e é você o responsável por atrair os relacionamentos ruins, o trabalho frustrante e o chefe abusivo.

Isso pode acontecer em qualquer área da sua vida, mas eu vou trazer aqui um exemplo que ocorre muito no campo profissional. Vamos supor que você iniciou em um emprego novo e, para a sua surpresa, ali tem um colega ou um chefe com os mesmos comportamentos que você abominava em seu trabalho anterior. Essa situação já aconteceu com você? A história se repete porque é criada inconscientemente. Você não está consciente dos programas e das crenças limitantes que estão rodando ali – e, na verdade, essas pessoas são os seus mestres...

Por isso, o primeiro passo para se tornar um cocriador desperto da sua realidade é assumindo a responsabilidade. Quando algo acontecer em sua vida, proponha-se a observar a situação, em vez de culpar alguém.

Assuma:

"Nossa, eu criei essa realidade...".

Mas não se culpe! Procure dizer a si mesmo:

"Ok, isso aconteceu porque eu não tinha a consciência que possuo agora".

Em seguida, pergunte-se:

"O que eu preciso aprender ao atrair determinadas situações ou pessoas para a minha vida?";

"Por que atraí isso?";

"Qual é a solução?".

O seu inconsciente se movimentará para trazer as respostas. E esse conhecimento despertará o seu poder pessoal.

CRIE JUNTO COM O TODO

Entenda: você é um criador, você é filho do Todo. Então, se está alinhado com Ele, pode começar a criar intencionalmente, ou seja, pode se tornar o cocriador da sua realidade.

Está certo que, em muitos momentos, você ainda vai oscilar pela raiva, pela tristeza, pelo medo, pela vergonha, pela ansiedade, pela falta de confiança... Mas também pela euforia e pela alegria ao ver que conseguiu criar aquilo que desejava. A verdade é que, ao longo de um mesmo dia, você ainda poderá flutuar entre os estados de vítima e de criador da realidade.

Porém, acredite: quanto mais expandir a sua consciência, mais entrará em estado de fusão com o Todo e aprenderá a soltar, a confiar, a ir para a vida sem medo. Acima de tudo, entenderá que, embora seja o cocriador de sua realidade, não tem a visão da totalidade e, por isso, é regido por leis universais. Assim, por mais que planeje e faça a sua parte, sabe que o tempo o qual deseja que as coisas aconteçam não é o mesmo do tempo divino. E mais: se o que você quer se realizar, está tudo certo; se não se realizar, está tudo certo também. A essa altura, compreende que existe um plano maior regendo tudo, e não há mais espaço para ficar chateado com o Universo – se não foi atendido, é porque algo melhor está a caminho.

Em resumo, existem três estágios que você costuma percorrer até tomar as rédeas de sua vida. O primeiro é quando assume o papel de vítima e não tem poder pessoal algum, achando que não possui qualquer domínio sobre o que lhe acontece. No segundo, já começa a cocriar, mas ainda não confia totalmente no seu poder. E o terceiro é onde eu espero que você chegue: tornar-se um cocriador totalmente conectado ao Todo.

Agora, eu quero que você pare e pense: em quais desses estados você já transitou? A seguir, o exercício que proponho vai ajudar você a refletir sobre isso. Abra o seu coração e responda sem medo de julgamentos. Bora olhar para dentro?

Bora praticar?

Data de hoje

Quais foram as vezes em que você ficou vibrando no papel de vítima?

O que você escolhe a partir daí?

[ ] Aprender com isso

[ ] Continuar repetindo esse padrão

Em quais situações você vibrou no papel de cocriador?

Como você se sentiu nessa posição? Teve medo e insegurança ou acreditou verdadeiramente que conseguiria criar a sua realidade?

Entendendo o exercício

Aqui, você teve a oportunidade de trazer as experiências que mais o marcaram. E talvez tenha se surpreendido diante de algumas situações e pensado:

> "Nossa, eu vibrei na vítima por muito tempo".

Foi justamente por isso que pedi para você colocar a data de hoje. Peço que, ao final deste livro, você volte a este capítulo e se autoavalie novamente, para ver o quanto já mudou em seu estado de consciência. Observe as transformações que começaram a surgir no seu exterior, e avalie se está conseguindo ser o cocriador de sua realidade. Você está usando os aprendizados de maneira consciente ou continua repetindo o padrão de cocriador inconsciente?

Lembre-se de que nós seremos chamados, a todo momento, a tomar decisões. Então, eu convido você a tomar a decisão de assumir o seu papel no mundo. É a hora de sair do piloto automático e fazer a diferença na sua vida.

• CAPÍTULO 3 •

SEU FOCO ESTÁ NO EGO OU NA CENTELHA?

"Superar o ego é entender que você
não é suas conquistas, posses ou rótulos.
Você é muito mais do que isso:
é pura consciência e potencial infinito."

Deepak Chopra

SE A SUA PROSPERIDADE ANDA MEIO TRAVADA, TALVEZ O problema esteja no seu ego. Sim, pode acreditar: esse é um dos bloqueios ao fluxo da abundância. E o que seria o ego, afinal? Ele é a nossa roupagem aqui neste mundo. É tudo com o que nos identificamos. Por exemplo, eu trabalho como terapeuta holística e professora de autoconhecimento, certo? Então, o meu ego acha que ele é exatamente isso, e não um ser eterno que é regido por leis universais.

O ego não gosta do silêncio. Ele quer ficar em meio a turbilhões de emoções, de sentimentos, de barulhos, para que você não acesse a sua centelha divina – e, calma, porque eu já vou falar a respeito dela. Mas será que ele é ruim? Não, só que o ego quer ter controle de tudo o que está acontecendo com você, para evitar um possível sofrimento. Assim, quando estiver vibrando no medo, na agressividade, na competição e no excesso de controle, saiba que está vivendo muito no ego. Isso vai lhe trazer um cansaço, porque está desperdiçando sua energia em coisas que, simplesmente, não pode controlar. A vida tem um fluxo natural para ser seguido e, quando você tenta mudar isso, gasta uma energia que poderia estar sendo direcionada para outras criações, para outros projetos ou, até mesmo, para um estudo.

Para piorar, quando você está no ego, muitas vezes acaba entrando num processo de autossabotagem que o paralisa. Isso porque o ego traz o medo do novo. Muitos dos bloqueios referentes à prosperidade também têm por trás esse padrão de autossabotagem: é medo do sucesso, é medo do crescimento, é medo de tudo! É aí, então, que você para.

Por outro lado, todos nós também temos a centelha divina, que é a intuição que vem do Todo. Para você entender melhor, pense em Deus como uma energia criadora de tudo o que existe, sem qualquer conexão religiosa. Então, essa energia se fragmentou e está dentro de cada um de nós vivendo exatamente as experiências de que precisa para crescer cada vez mais. Por isso é que digo que não há separação entre você e o Todo. Realmente, Ele está dentro de cada um de nós.

E como é possível acessar a centelha divina? Por meio da meditação, do silêncio. Lembra que o ego prefere o barulho? Pois é... O maior desejo dele é que você leve uma vida bem desordenada, que não pare, que não tenho tempo para nada. Assim, quando um dia você decidir tirar uns minutinhos para meditar, virá todo aquele processo de ansiedade.

MAS COMO IDENTIFICAR SE ESTÁ SENDO GUIADO PELO EGO OU PELA CENTELHA?

É mais fácil do que você imagina. O nosso ego tem algumas armadilhas... Uma é querer colocar você acima do bem e do mal. A outra é botar você lá embaixo, com a sua autoestima no chão. Mas isso é a maior viagem do ego, porque ninguém é inferior ou superior a qualquer outra pessoa. Além disso, ele nos faz ter aquelas reações de "bateu, levou", "eu preciso competir", "é normal ter ciúmes" ou "eu tenho que ser sempre mais". E vale lembrar que, nos momentos em que você sentir medo, raiva, reatividade ou qualquer outro sentimento mais denso e desconfortável, pode ter certeza de que é o ego quem está presente, e não a sua intuição.

Já a centelha se manifesta quando você se permite acessar a sua sabedoria divina, quando decide falar: "Eu agora vou fazer um processo de reconexão com o meu coração, com a minha essência". E então começa a meditar! Entenda que essa prática não significa zerar os pensamentos. Eles virão, mas você não vai se apegar a eles. Não é ausência... É um intervalo entre um pensamento e outro, e esse intervalo vai, aos poucos, aumentando e aumentando.

A verdade é que a centelha divina fala com você o tempo todo. Só que o seu ego está ali desenfreado, não permitindo que você se abra a essa voz e escute as respostas que vão o ajudar a ter ações mais assertivas na vida e em todos os seus projetos. O ego quer que você procure essas respostas do lado de fora. Mas elas estão dentro de você, embora possa parecer clichê dizer isso. E realmente estão!

Por isso, você precisa decidir ouvir a sua centelha. Esse é um movimento para dentro. Assim, com a meditação, você aquieta o ego e começa a perceber a diferença entre a voz dele e a de sua centelha divina. Porém, entenda que o ego também é bom. Precisamos dele para viver neste plano, poque ele nos ajuda a executar. Assim, quando o ego está a serviço da centelha, isso se torna um trabalho em equipe sensacional!

Neste capítulo, quero ajudar você a se aproximar ainda mais da prosperidade com a ajuda da meditação. E por que isso é tão importante? Porque quem realiza o processo de cocriação é a sua centelha! É ela quem vai lhe trazer a ideia de um projeto, um insight, uma intuição. Sabe aquela resposta sobre algo que você está querendo tanto? Pare de buscar lá fora. Ouça a sua centelha porque ela está pronta para guiar você. Porém, precisa tomar a decisão de se permitir ouvi-la. E então, você se permite? Caso sim, a seguir, acesse a voz que vem do seu coração.

Bora meditar e praticar?

Vá para um local calmo, em que saiba que não será incomodado, e se coloque numa posição confortável. Feito isso, aponte o leitor de QR Code de seu celular para o código a seguir e entregue-se a essa meditação, que vai ajudar você a entrar em contato com a sua centelha divina. Na verdade, ela é uma pré-meditação – depois que a minha voz parar de guiar você, procure ficar alguns momentos em silêncio para, realmente, ouvir o que a centelha tem para lhe falar.

"Meditação de Conexão com o seu Coração"

Leia o QR Code ao lado para acessar a meditação guiada pelo seu smartphone.

Após finalizar a sua meditação, escreva a seguir todas as sensações que teve durante a experiência de meditar e os insights que a sua centelha trouxe para você:

___

___

___

Entendendo o exercício

É preciso parar, é preciso silenciar. Só assim você entrará em fase com a sua centelha e conseguirá cocriar a vida de prosperidade que tanto deseja. Esta meditação é apenas um exemplo. Teremos outras ao longo deste livro. O mais importante é você dar o pontapé inicial nessa prática e, depois, continuar buscando outros momentos de meditação no seu dia a dia.

A centelha divina fala com você o tempo todo. Só que o seu ego está ali desenfreado, não permitindo que você se abra a essa voz e escute as respostas que vão o ajudar a ter ações mais assertivas na vida e em todos os seus projetos.

@renatapeixotoh

• CAPÍTULO 4 •

VOCÊ QUER TER OU SER?

*"A verdadeira abundância não está
no que você tem, mas no que você é.
Quando você se conecta com o seu ser essencial,
o ter perde a importância."*

Eckhart Tolle

NESTE CAPÍTULO, CHEGAMOS AO FINAL DO DIAGNÓSTICO sobre onde você está, hoje, no seu nível de prosperidade. Até aqui, já conseguiu perceber possíveis desequilíbrios em outras áreas de sua vida, além da financeira; entendeu que talvez esteja alimentando o papel de vítima, em vez de cocriador da sua realidade; e compreendeu que pode estar dando bola demais ao seu ego, sem parar para ouvir a sua centelha divina. E tudo isso, certamente, tem impactado na vida nem tão próspera que você vem levando.

Para finalizarmos esse raio X, ainda tem outro aspecto que provavelmente você jamais tenha se dado conta: o que acredita ser importante para atingir a prosperidade, o ter ou o ser? Não sei se é o seu caso, mas a maioria das pessoas responderia: o ter! Afinal, o mundo acredita que só quando alguém possuir uma BMW na garagem é que poderá ser considerado próspero. Mas saiba que não é assim que as coisas funcionam.

Para você entender melhor, vou apresentar duas pirâmides:

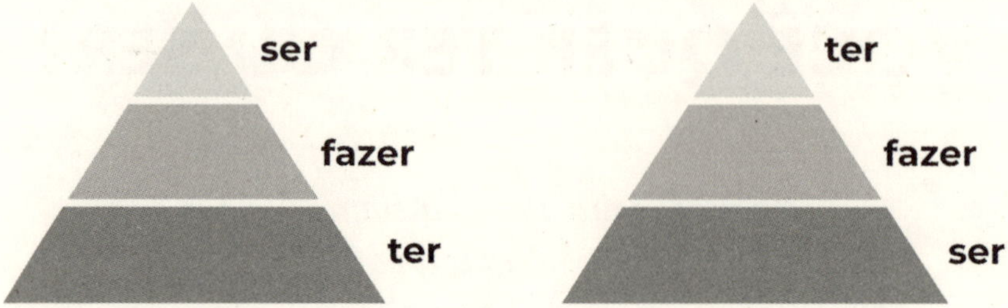

Atualmente, qual pirâmide representa a sua noção de prosperidade? Na primeira, vemos que a base está no "ter". Se você escolheu essa, é porque, na sua concepção, somente após conseguir ter as coisas é que vai poder fazer algo para ser quem verdadeiramente é. Já a segunda traz em sua base o "ser", ou seja, as suas crenças de identidade, quem de fato você é. Essas crenças vão moldar os seus comportamentos, as suas decisões e as suas escolhas. Assim, se optou por essa pirâmide, é porque entende que é a partir do ser que conseguirá fazer algo para ter o que tanto deseja, materialmente falando.

ORDEM PRIMÁRIA DAS PESSOAS DE SUCESSO

Agora, prepare-se para uma grande revelação que vou fazer: a segunda pirâmide é a que reflete perfeitamente a ordem primária das pessoas de sucesso! Sim, existe uma ordem para que as coisas comecem a fluir na sua vida e você não fique batendo cabeça por aí. E, muitas vezes, a nossa ordem pode estar invertida. Se você acha que primeiro precisa ter um bem material para ser próspero, entenda que essa ordem está bagunçada. Não é assim que o fluxo funciona.

A ordem da prosperidade, então, começa na sua identidade. Quais são os seus valores? "Eu sou corajoso, eu sou honesto, eu sou alegre, eu sou amoroso, eu sou saudável...." Primeiro, você precisa identificar quem é em essência. Depois disso, avalie as suas crenças de capacidade. Por exemplo: "Como eu sou alegre, consigo fazer amigos de forma mais fácil e assim abro portas profissionais para mim" ou "Já que sou saudável, tenho energia o suficiente para batalhar pelos meus sonhos". Em outras palavras, se você é de determinada forma, consegue realizar tais e tais coisas. E, assim, o "ter" será uma consequência. Conquistar a casa que você tanto deseja surgirá como resultado natural do fato de você saber quem é e, por isso, fazer o que é preciso.

É a partir dessa ordem que as coisas começam a entrar no fluxo, no estado de *flow* em que acontecem as infinitas possibilidades. Talvez agora você esteja se questionando: "Nossa, mas é tão simples assim?". Sim, é uma ordem que precisa ser seguida. Quando você identifica quem é, parte para fazer o que é necessário da melhor forma possível, com aquilo que tem no momento. Ou seja, vai fazer bem feito, do seu jeito, com a sua energia. Em resumo, o ter é o resultado de você saber quem é e ir para a ação. É se colocar em movimento e se posicionar como merecedor: "Eu estou pronto para receber". Anote a fórmula do sucesso: quando você é, quando você faz, abre-se para receber as bênçãos e os presentes que o Universo tem para você.

Agora eu pergunto: como está a sua ordem primária para o sucesso? Você tinha clareza sobre isso? Será que possuía a visão de que, "para ser alguém na vida" (como muita gente fala), você não precisa primeiro ter? "Ah, eu só vou ser próspero quando já tiver isso e aquilo..." Esqueça essa maneira de pensar! Primeiro você é, depois você faz e, como consequência, você tem. E quer saber de algo que vai mudar a sua frequência instantaneamente?

> Você já é próspero! Você já é uma pessoa abundante, no aqui e no agora! Absorva isso, faça o que é preciso e receba tudo o que está no fluxo para chegar à sua vida.

Bora praticar?

Reflita bem e, com toda a atenção, faça uma lista com dez palavras que expressem as suas crenças a respeito da sua identidade:

1 – Eu sou ______________________________

2 – Eu sou ______________________________

3 – Eu sou ______________________________

4 – Eu sou ______________________________

5 – Eu sou ______________________________

6 – Eu sou ______________________________

7 – Eu sou ______________________________

8 – Eu sou ______________________________

9 – Eu sou ______________________________

10 – Eu sou ______________________________

A partir de quem você declarou ser, o que você pode fazer?

1 – ______________________________

2 – ______________________________

3 – ______________________________

4 – ______________________________

5 – ______________________________

6 – ______________________________

7 - ____

8 - ____

9 - ____

10 - ____

Entendendo o exercício

No início, fazer essa listagem pode parecer um grande desafio. Afinal, você precisa se conhecer bem para preenchê-la e, ainda por cima, se comprometer com novas atitudes que vão mexer com as suas crenças de capacidade. E foi justamente por isso que pedi para você ter toda a atenção ao realizar essa prática. Mas pode acreditar: ao começar a organizar a sua pirâmide na ordem correta (primeiro "ser" e depois "fazer"), vai entrar no fluxo do Universo e o "ter" chegará para você como algo natural.

— PARTE 2 —

TUDO O QUE AFASTA A SUA PROSPERIDADE

• CAPÍTULO 5 •

ATITUDES QUE REPELEM A ABUNDÂNCIA

"Reclamar é uma das atitudes mais tóxicas para a prosperidade. Quando você reclama, atrai mais do que não quer, em vez de focar no que deseja conquistar."

T. Harv Eker

NA SEGUNDA PARTE DESTE LIVRO, CONVIDO VOCÊ A NOVAS doses de autoanálise. Você pode até se sentir desconfortável com isso, mas saiba que é essencial para ajudar a expandir a sua consciência e levar ao seu despertar para a prosperidade. E, neste capítulo, vou apresentar as principais atitudes que podem estar o impedindo de atingir tudo o que deseja.

Preparado para mais este mergulho? Então bora lá!

Falta de confiança

Não confiar em você e no Todo é um grande entrave para a sua prosperidade. Ter medo de conquistar as coisas pode vir tanto da sua falta de autoconfiança quanto da sensação de se sentir desconectado. Você não consegue confiar em você, na vida, em Deus – ou seja lá no que acredite. A partir de agora, comece a reparar: pessoas que acreditam em si próprias e no Todo já estão em outro nível.

Inveja e ciúme

Esses sentimentos surgem muito em quem alimenta um estado de comparação. Você fica sempre se comparando com os outros? Saiba que isso é perigoso, porque vem do ego! Assim, quando se identifica mais com o ego do que com a centelha divina, na sua percepção sempre vai ter alguém melhor do que você. Mas isso é uma ilusão. Quando você entender que há algo único no seu ser e que o Todo se manifesta por meio da sua individualidade, não precisará mais competir com ninguém. A frequência da inveja e do ciúme traz escassez. É como se, em sua cabeça, as coisas funcionassem assim: "Se aquela pessoa tem algo, vai faltar para mim" ou "Ai, não tem espaço para todo mundo...". Porém, receba esta verdade: o Todo é ilimitado! Há tudo para todos e espaço para cada um. Podemos, sim, trabalhar na energia da cooperação, e não da competição.

Crítica e autocrítica

Essas duas atitudes, quando colocadas em prática, afetam a sua autoconfiança e, consequentemente, a sua prosperidade. Isso acontece toda vez que você está sendo muito crítico consigo mesmo e com os outros, mas não em um sentido edificante. É quando fala coisas para derrubar a outra pessoa ou a si próprio. Por exemplo, você costuma repetir: "Nossa, eu não faço nada direito"? Cuidado! Dessa maneira, só se colocará para baixo, bem longe da vida próspera com que sonha.

Fofoca

Um grupinho que se forma para falar mal de alguém – ou, simplesmente, para fazer comentários sobre os outros – carrega uma energia pesada, que afasta a prosperidade. E se você estiver no meio dessas pessoas, pode ter certeza de que, quando sair de perto delas, elas também vão falar de você. É um hábito de muita gente estar sempre comentando sobre a vida dos outros – e às vezes pode ser o seu hábito também. Então, é preciso ter muita consciência quanto a isso. Olhe com carinho para si próprio e questione-se: "Se eu sou essa pessoa, o que posso fazer para mudar?". Minha sugestão é que você comece a fazer a fofoca reversa: traga algum ponto positivo sobre aquela pessoa – ou, se isso soar falso para você, simplesmente mude de assunto ou se cale. "Ai, mas aí eu vou ser a chata", você pode pensar. Ora, não tem problema! Porque, de duas opções, uma vai acontecer: ou você acabará influenciando positivamente o seu círculo de amizades e eles vão mudar de atitude, ou encontrará novos amigos com outra vibração.

Ressentimento

Guardar ressentimentos de alguém, da vida ou de si próprio é uma emoção densa que o afastará da prosperidade. Isso porque você estará acumulando uma energia com algo que já se foi. No estado de cocriador, não deve brigar com a sua realidade atual ou com aquilo que já aconteceu. Apenas avalie a situação e veja o que pode fazer para mudar. Um dos caminhos é o perdão, e nós vamos ver isso com atenção no Capítulo 12. Agora, o momento é apenas para você tomar consciência se carrega algum ressentimento.

Raiva

Quando você sente raiva, qual o sentimento que está por trás disso? Na maioria das vezes, é o medo – você tem medo de algo e reage a isso de maneira explosiva. Se estivesse centrado, em seu estado pleno de ser em que não procura brigas, apenas observaria tudo com neutralidade. Mas, do contrário, bloqueia a sua prosperidade. A raiva só se torna positiva quando você usa essa energia para fazer algo de criativo e novo para si próprio. Ou quando tem a sabedoria de tentar descobrir a raiz do problema que o fez sentir raiva, para buscar a transformação. Porém, se não for assim, vai atrapalhar o seu fluxo junto ao Todo.

Pegar o que não é seu

A desonestidade nos afasta da prosperidade. Então, procure avaliar se já se apropriou de algo de alguém. E não estou falando aqui simplesmente de um objeto. Pode ser uma ideia, um conhecimento... Como conseguirá ser próspero assim? Você vai entender melhor o que estou falando no Capítulo 11.

Gastar mais do que ganha

Essa situação é óbvia... Se você gastar todo o dinheiro que recebe ou, pior, mais do que ganha, como vai conseguir prosperar? Eu não estou aqui para ensinar sobre educação financeira, e sim para expandir a sua consciência de prosperidade. Mas, embora eu não seja uma especialista em investimento, acho que fica fácil de você entender que se tem um fluxo de dinheiro que entra, tem também o fluxo que vai sair, e ele não pode ser maior do que o que entrou. E, para prosperar, o ideal é que haja uma sobra, para criar a sua reserva da plenitude (no Capítulo 14, você vai entender melhor sobre essa reserva tão importante). Mas atenção: guardar faz parte da prosperidade, desde que você não esteja movido pelo medo. E sobre isso eu vou falar mais no Capítulo 7, quando avaliarei as suas crenças.

Gastar o que ainda não tem

Muitas vezes, gastar antes de ter também é um grande sabotador da prosperidade. Nossa, eu fazia isso demais... Eu ficava contando com um dinheiro que poderia sair, me comprometia com alguma despesa e aí no final não recebia nada. E como eu ficava? Com dívida. Então, não é preciso ser um expert para exercer um controle maior e só dar destino ao dinheiro quando, realmente, ele estiver em suas mãos.

Reclamação

Reclamar é clamar duas vezes. É como se você dissesse: "Não confio no Universo, por isso estou sempre reclamando". Quando você fica no estado de reclamação, vai atrair ainda mais situações pelas quais irá reclamar. Portanto, nada de conquistar a prosperidade se continuar agindo dessa maneira.

Desordem

A desorganização é o reflexo do nosso estado interior. Pare agora e responda: como está o seu guarda-roupa? Como está a gaveta do seu trabalho? Como está a sua casa num todo? Se estiver tudo fora de ordem, isso falará muito sobre você. Assim, se quiser que tudo comece a ficar mais centrado em sua vida, o que deve fazer primeiro? Procurar se organizar! Organize sua mesa, suas gavetas, suas prateleiras, suas roupas... E, assim, isso vai reverberar dentro de você. É como se estivesse mandando uma mensagem para o seu inconsciente: "Olha, estou organizando tudo por aqui. Logo o meu mundo exterior também vai estar organizado". Colocar ordem em sua casa e no seu ambiente de trabalho vai trazer a clareza mental de que você precisa.

Vitimizar-se

Esse é mais um hábito supernocivo que talvez você tenha. Eu já falei antes que se fazer de vítima bloqueia a prosperidade, mas é sempre bom lembrar. Ninguém é vitima de nada! Você tem poder pessoal, é filho do Todo. Então, diga para si mesmo: "Eu sou próspero, eu que crio a minha realidade! Sou eu quem manda nessa bagaça aqui!". Ou seja, é você quem está com as rédeas nas mãos, e não a sociedade, o governo, seu pai ou o líder da religião que frequenta.

> Pare de culpar o outro, porque existe a Lei de Ação e Reação e o nosso livre-arbítrio. Você pode fazer o que quiser, mas será responsável pelos resultados. Só você!

Bora praticar?

A seguir, dê notas 0, 5 ou 10 para cada uma das atitudes que podem atrapalhar a sua prosperidade, sendo 0 equivalente a "nunca"; 5, "de vez em quando"; e 10, "sempre". O quanto elas aparecem em sua vida?

Falta de confiança:

Inveja:

Ciúme:

Crítica e autocrítica:

Fofoca:

Ressentimento:

Raiva:

Gastar mais do que ganha:

Gastar o que ainda não tem:

Reclamação:

Desordem:

Vitimizar-se:

Entendendo o exercício

Nesta prática, você vai trazer à consciência o que tem feito e que pode estar bloqueando a sua prosperidade. Passará a pensar: "Nossa, eu não estou mais inconsciente a respeito disso... Estou despertando". Quando desperta, não briga com certas situações que se apresentam e entra no estado de neutralidade, para então começar a ter atitudes diferentes daquelas que estavam bloqueando você. Ao mudar a sua consciência, compreende que certos comportamentos não valem mais a pena, porque não condizem com a vida que deseja criar.

O Todo é ilimitado! Há tudo para todos e espaço para cada um. Podemos, sim, trabalhar na energia da cooperaçãção, e não da competição.

@renatapeixotoh

• CAPÍTULO 6 •

AS TRAVAS QUE IMPEDEM VOCÊ DE PROSPERAR

"A prosperidade é uma consequência natural de viver alinhado ao seu propósito. Quando você faz o que ama e serve aos outros com paixão, o universo recompensa você abundantemente."

Jack Canfield

O FLUXO NATURAL DA PROSPERIDADE ESTÁ DISPONÍVEL PARA qualquer um. É seu direito de nascença, sabia? E se você não está vivendo essa realidade hoje, não é porque Deus não quer, nem porque a abundância não está em seu destino. Certamente, existe um padrão por trás disso que está rodando no seu inconsciente, alguma crença gerada por repetição ao longo da sua vida, talvez por conta da sua ancestralidade. Da mesma forma que um negócio passa de pai para filho, também certos pensamentos relacionados a dinheiro podem ser transferidos de geração em geração. Alguns desses são bons; outros, negativos. E, inconscientemente, nós vamos repetindo isso por amor, para honrar o nosso sistema familiar. Está aí uma das principais travas que vão impedir a sua prosperidade. Isso é tão importante, que vou dedicar o próximo capítulo apenas para falar dessas crenças limitantes.

Neste, quero trazer, de forma geral, outros bloqueios que você carrega e talvez nem perceba. Um deles é: "Ah, mas está muito tarde para eu começar isso...". Essa é a trava da falta de habilidade, que impede você de ter oportunidades de crescimento em determinadas áreas. O problema é que você se limita ao achar que não tem mais idade para desenvolver certas coisas. Olha, você tem todo o tempo do mundo! A hora é agora! "Ah, mas não vai dar mais tempo...". Claro que dá! Sempre é hora de começar. Você precisa superar isso se deseja crescer e se tornar abundante.

Outra questão que o afasta da prosperidade é não estar alinhado com o seu propósito. Quando toco nesse assunto nos meus atendimentos, muita gente trava, por acreditar que é a coisa mais difícil do mundo de se encontrar. Só que, muitas vezes, o seu propósito está na sua cara, mas você não o enxerga. As pessoas complicam muito, achando que se trata de algo mirabolante e que vai descer um anjo do céu tocando harpa para anunciá-lo. Não, não é assim! Para você encontrar o seu propósito, comece pela eliminação.

Foi assim que eu descobri o meu: olhei para o que eu não queria! Como já contei, estudava para concurso focada numa carreira policial, porque existem pessoas na minha família que trabalham nessa área e, para pertencer, queria fazer igual. Eu tinha uma motivação errada por trás disso, que era provar algo para as pessoas: "Olha, eu consegui também". Nessa época, vivia chorando na biblioteca enquanto tentava estudar e minha vida financeira era um horror. E quando o financeiro não vai bem, pode ter certeza de que as outras áreas também são afetadas. O meu casamento foi afetado, assim como as minhas amizades. Eu tinha vergonha do que estava passando e escondia de todo mundo. Mas, no fundo, eu só enganava a mim mesma. E, depois que tudo passou, acabei constatando: "É... Eu realmente estava num caos emocional". Então, primeiro precisei olhar para dentro para entender o que estava acontecendo comigo e, assim, descobri que não queria mais estudar para carreiras policiais.

E você, o que não quer mais fazer? Ou o que não se vê fazendo de jeito algum? Comece por aí. E, com a ajuda deste livro que está trabalhando o seu despertar, busque recursos e informações para responder a outras perguntas: "O que está acontecendo que eu não estou prosperando?"; "Por que eu não estou vivendo o melhor da minha vida?". As respostas vão aproximar você da identificação do seu propósito.

“MAS TEM MUITA GENTE JÁ FAZENDO ISSO...”

Essa é outra desculpa que irá travar a sua prosperidade. Saiba que tem espaço para todo mundo! Tem oportunidade de crescimento para todos! Lembre-se de que é você quem cria a sua realidade. Se eu fosse me deixar levar por esse tipo de pensamento, jamais teria feito a minha transição de carreira, nem estaria vivendo daquilo que eu amo. Eu transbordo cada vez que atendo alguém, em cada curso que dou, em cada *live* que faço... A prosperidade foi uma consequência.

Eu não me importo se fico até tarde da noite gravando um curso e no dia seguinte estou bem cedo fazendo uma *live*. Mas, com isso, eu não estou querendo dizer que você precisa se matar de trabalhar. E sim que, quando realmente gosta do que faz, vai se empenhar, vai colocar a sua energia e vai se sentir preenchido. Conquistará a realização pessoal. E a prosperidade vem quando você está realizado. O dinheiro chega naturalmente, entende?

E dentro dessa satisfação, outra coisa que você precisa observar é o seu ambiente íntimo. Como ele está? Tem muita briga, muita confusão? E no seu trabalho, como é? Talvez você seja do tipo que, no domingo à noite, quando toca aquela música do *Fantástico*, entre em pânico porque no outro dia é segunda-feira e você tem que trabalhar. Eu já vivi isso e sei bem como que é. Eu entrava em desespero. Agora, amo o final de semana – mesmo quando preciso trabalhar dando cursos – e, quando chega a segunda, estou feliz. Penso: “Que coisa boa! Eu trabalho para mim, na minha casa ou no local em que eu quiser”.

A verdade é que existem infinitas possibilidades, mas, quando você não está vivendo o seu fluxo, se fecha para elas. Parece que não existe uma saída, um lugar, nada! Você fica achando que a realidade é só a que possui: “É isso mesmo... Sempre foi assim com a minha família e tem que ser assim comigo também”. Não, não tem que ser. E se eu falar que você pode quebrar esse ciclo? Se a sua família vem de geração em geração na escassez, é você quem veio quebrar esse ciclo! Principalmente se está, neste momento, lendo este livro.

Atenção à novidade que trago agora: você veio quebrar esse ciclo! Que delícia! Você chegou para encerrar um sistema de escassez, e entenda que, assim, também estará honrado a sua ancestralidade ao dizer: "Olha, é possível prosperar. Eu honro vocês fazendo o meu melhor". Talvez a convivência com eles seja desafiadora, mas saiba que estará crescendo e contribuindo. Essa é a lei do Universo: crescer e contribuir.

COMO ESTÁ O SEU FILTRO?

Será que você só está enxergando o lado escuro da situação? Cuidado, porque o seu estado emocional vai dizer muito sobre o que está criando. Quando você está atolado em dívidas, a primeira coisa que pensa é: "Como vou pagar?". Só que, quanto mais focar na dívida, mais ela vai se expandir. Sabe quando você tem o interesse de comprar um determinado carro, e aí quando sai de casa parece que só vê o modelo que está desejando? Ou quando uma mulher está grávida e, na rua, encontra uma porção de outras gestantes? Isso se chama sistema de autopreservação da espécie: vamos sempre ver aquilo que existe no nosso universo.

Então, o que você está vendo? Se está olhando para a dívida, vai ter mais escassez financeira, mais desespero. Eu sei que é um desafio pensar: "Nossa, eu não devo nada...". Mas não quero que você negue a sua realidade, e sim que pare de focar nisso. Para sair da dívida, primeiro comece avaliando os motivos pelos quais é grato. Você tem um livro em suas mãos, tem uma boa visão ou bons óculos, tem uma casa, tem saúde, está respirando... Comece por aí, pelo básico! Nesse momento, eu não quero que faça nada de mirabolante, e sim que apenas implemente esse pequeno hábito de agradecer para começar a mudar o seu padrão vibratório e, aos poucos, a sua realidade. No Capítulo 10, voltarei a falar sobre a gratidão.

Afinal, quem é que manifesta? É o seu coração, a sua centelha divina. E, para manifestar, você tem que estar em que estado? De tristeza? Não, de alegria! Esse sentimento está ligado à cocriação. Se, neste momento, você não consegue se sentir alegre, procure colocar uma música ou assistir a um vídeo engraçado. Mude o seu padrão! Você tem que elevar a sua frequência para o bem-estar. Todo mundo traz bem-estar dentro de si, só que, muitas vezes, coloca o foco em outro lugar e, quando percebe, está com os ombros curvados e a cabeça baixa diante da vida. Corrija a sua postura! Levante essa cabeça! São pequenas ações que você deve fazer para começar a mudar o seu estado interno, vibrando em emoções elevadas.

Será que você vai conseguir se manter assim o tempo todo? Não, porque nós vivemos num planeta de dualidades. Não estou falando que você tem que ser um robô. Vão ter dias mais desafiadores, que bagunçarão as suas emoções. Mas é por isso que temos recursos para serem utilizados. Por exemplo, se você acordar e observar que não está muito legal, seria interessante dar uma volta num parque ou numa praia. O contato com a natureza faz a nossa frequência subir. Ou, então, abra o YouTube e veja um vídeo que o fará rir ou coloque na TV um filme de comédia. Você precisa se desligar momentaneamente do que o coloca para baixo. E assim, ao elevar o seu estado interno, daqui a pouco olhará novamente para a questão e vai perceber que era muito menor do que parecia. Ao assumir que você é tão maior do que qualquer desafio, se abre para a chegada das soluções.

Mas é tão simples assim? É sim! Muitas vezes, quando você está mergulhado no problema, precisa sair disso e ficar no lugar de neutralidade. Com esse olhar mais neutro, será capaz de dizer: "Olha, talvez eu consiga, sim, resolver". Quando você se desliga emocionalmente da situação, começa a ter insights, ideias... Você se abre para "milagres", como "uma pessoa que conhece outra pessoa e que conhece outra pessoa", e esta acaba lhe apresentando a solução. O auxílio sempre chega, desde que você não esteja com a venda nos olhos, entende? E, ao elevar a sua frequência, você consegue tirar essa venda e enxergar a prosperidade.

Bora praticar?

De tudo o que eu falei aqui, cite de três a cinco aspectos que você observou que estão impedindo você de prosperar:

1 - ______________________________

2 - ______________________________

3 - ______________________________

4 - ______________________________

5 - ______________________________

Agora, escreva quais são os sentimentos que surgem em você quando pensa em dinheiro e prosperidade:

____

____

____

____

____

Entendendo o exercício

Ao responder a essas questões, estará se autoavaliando a respeito das emoções que alimenta internamente e de alguns padrões familiares que pode estar repetindo. Isso vai trazer luz à sua consciência.

Muitas vezes, o seu
propósito está na sua cara,
mas você não o enxerga.
As pessoas complicam muito,
achando que se trata de algo
mirabolante e que vai descer
um anjo do céu tocando
harpa para anunciá-lo.

@renatapeixotoh

• CAPÍTULO 7 •

AS CRENÇAS QUE LIMITAM A SUA ABUNDÂNCIA

"Crenças negativas sobre dinheiro e prosperidade bloqueiam o fluxo de abundância em sua vida. Liberte-se delas e permita que o Universo trabalhe a seu favor."
Joseph Murphy

CHEGAMOS AGORA A UM PONTO CRUCIAL QUE PODE ESTAR travando a sua prosperidade: as crenças limitantes. Elas são os nossos paradigmas – aquilo que nos serve como modelo ou padrão. Uma crença é algo que você acredita fielmente, e ela pode ter sido instalada na sua mente sob forte impacto emocional ou por repetição. Ou seja, ao longo do tempo, você pode ter ouvido alguma afirmação que trazia algum sentimento atrelado – às vezes, até uma experiência traumática – e continua replicando isso na sua vida, de maneira inconsciente ou consciente. Agora, chegou a hora de despertar para isso e mudar.

Neste capítulo, vou trazer algumas crenças que já ouvi em meus atendimentos – ou até mesmo algumas que já tive. E vamos ver se você se identifica com alguma.

Dinheiro não dá em árvore.

Quem nunca ouviu essa frase? Ela é famosa! Nossa, eu já ouvi demais a minha mãe falando isso: "Ai, menina, você está achando que dinheiro nasce em árvore, é?". E o que eu entendia com isso? Que dinheiro é difícil, um negócio sofrido, suado... Mas daí eu pergunto:

por que existe essa cultura de que, para se ganhar dinheiro, tem que ser algo sofrido? Por que o dinheiro não pode vir até nós com facilidade, alegria e glória? Pode sim! Muita gente, por exemplo, ganha dinheiro enquanto está dormindo, com a chamada renda passiva vinda de investimentos. Então, precisamos mudar essa forma de pensar.

Dinheiro é sujo.

Aposto que, quando você era criança, ouviu sua mãe ou seu pai dizer logo após você tocar em notas e moedas: "Vai lavar essa mão agora porque dinheiro é sujo!". Diante disso, no seu inconsciente, o registro que fica é: "Nossa, dinheiro é muito ruim, é sujo... Preciso me desfazer dele, senão vou ficar sujo também".

Dinheiro é a raiz de todo o mal.

Olha, quando o dinheiro é usado sem sabedoria, pode trazer malefícios sim... Mas ele não é a raiz do mal. Outras frases semelhantes a essa são: "Ser pobre é melhor do que ser rico, pelo menos eu me sinto limpo" ou "Os ricos são gananciosos e trapaceiros". Por favor, não podemos generalizar! Existem muitas pessoas afortunadas, ricas, prósperas e abundantes que são honestas.

Não quero dinheiro para me transformar numa pessoa egocêntrica.

Muitas pessoas associam quem tem dinheiro a alguém cheio de ego. E o pior é que, às vezes, quando começamos nesse caminho de alta prosperidade, acabamos toda hora falando:

"Não posso fazer isso porque é do ego". Já entrei nessa caixinha também... E quem disse que é assim? E se for algo da minha essência gostar de coisas boas? Eu estou comprando não para ostentar, e sim porque gosto, porque trabalho, porque vou fazer prosperar na vida de outra pessoa. Entenda: quando gasto com algo, estou fazendo o fluxo do dinheiro também fluir nas vidas dos outros.

Eu nunca vou conseguir um bom emprego.

Essa crença já se explica por si só. Terrível pensar assim... Da mesma maneira, vigie-se se costuma falar: "Nunca conseguirei ganhar dinheiro", "O dinheiro sai mais rápido do que entra", "Recebi ontem e hoje já não tenho mais nada", "Estou sempre cheio de dívidas", "Pobres nunca saem da lama" ou "Meus pais eram pobres e eu também serei" – esta última é um ótimo exemplo do ciclo que vem dos ancestrais e que você chegou para quebrar.

Para ter dinheiro, é preciso lutar muito.

Você já percebeu que há pessoas que até conseguem ter dinheiro, mas, para elas, a vida é sempre uma luta, é sempre difícil? Adoram falar: "Olha como sou guerreira!". Mas por que ganhar dinheiro tem que ser tão difícil assim? Não pode ser fácil? Quer dizer que se eu receber algum dinheiro de forma fácil não é por mérito? Por acaso, é errado ganhar dinheiro de forma leve, trabalhando com o que você gosta e lhe traz felicidade? Entenda que não estou falando que você não vai trabalhar. Mas sim que, além do seu trabalho, o dinheiro pode vir de maneiras mais suaves e de várias fontes.

De grão em grão, a galinha enche o papo.

Ou seja, bem devagarzinho, morosamente, você leva a vida toda para guardar um "dinheirinho" – para piorar, as pessoas ainda falam assim... Mas que "dinheirinho"? Fale "minha abundância", "minha prosperidade". Cancele essa história de "meu dinheirinho" imediatamente!

Economizar para os tempos difíceis.

"Ah, tenho que guardar dinheiro porque, se adoecer, precisarei dele" - você costuma pensar assim? Inconscientemente, já está guardando dinheiro porque uma hora vai adoecer. Cuidado: essa profecia é autorrealizável. Então, por que você não pode guardar para os dias bons? Por que não pode poupar para a sua abundância? Reformule seu pensamento para: "Eu vou poupar para ter os meus dias de glória". É o que chamo de "reserva da plenitude" (no Capítulo 14, você vai entender melhor). Essa história de focar em guardar dinheiro para uma reserva de emergência fará com que você acabe atraindo emergência. De jeito algum! A partir de agora, troque o seu vocabulário.

Sinto raiva de pessoas que têm dinheiro.

Se você pensa dessa maneira, vou lhe dar uma dica: sempre que vir uma pessoa possuindo algo de que você gosta ou que sonha ter - uma BMW ou uma mansão, por exemplo -, a abençoe. No seu íntimo, diga: "Deus abençoe essa pessoa". Saiba que abençoar os outros traz prosperidade. Não fique pensando coisas como: "Nossa, eu nunca vou ter um carro desses. Deve ser difícil demais... Ele tem porque já nasceu em família rica...". Troque essa mentalidade por uma frequência que vai empoderar você, que é justamente abençoar. Além disso, olhe para o carro e para a casa que tanto desejaria ter e diga: "Isso é muito a minha cara, é muito eu!". Empodere-se da prosperidade em sua vida. Desperte: você também pode ter coisas muito legais.

E AINDA TEM MAIS CRENÇAS...

- Só desonesto tem dinheiro.
- Eu não posso cobrar pelo meu trabalho.
- Eu não sou digno, eu não mereço.
- Eu não sou bom em ganhar dinheiro.

- Nunca conto a ninguém o quanto tenho guardado no banco, porque é perigoso.
- Eu jamais vou emprestar dinheiro.

Essas crenças são apenas alguns exemplos que limitam a vida de inúmeras pessoas que sonham em ser prósperas, mas nunca chegam lá. Mas o interessante é que cada uma delas traz um benefício emocional oculto: elas servem para proteger você de alguma coisa. Mas, a partir de agora, você não precisa mais disso.

E, afinal, se identificou com alguma crença que citei aqui? Ou será que tem outra diferente? Seja qual for, saiba que chegou a hora de desprogramar para seguir em frente com o seu fluxo de abundância. É isso o que vamos trabalhar agora, nos exercícios a seguir.

Bora praticar?

Exercício #1 – Identificação

Para que você possa se desvincular de suas crenças limitantes, o primeiro passo é a identificação. É hora de trazer clareza a respeito de muita coisa que você ouviu ao longo da sua vida e que, realmente, não necessariamente é uma verdade. E como vai identificar? De maneira consciente, você deverá observar uma situação no macro (uma atitude grande em sua vida, que se repete) até chegar ao micro (a raiz disso).

Para você ver que é mais fácil do que parece, vou trazer aqui dois exemplos. Um deles aconteceu comigo. Antes de despertar, apesar de receber o meu salário todos os meses, eu sempre estava endividada. O dinheiro era gasto muito rapidamente, até porque, se eu percebia uma sobrinha, achava que tinha que aproveitar e torrar aquela quantia. E quando o dinheiro acabava e eu ainda queria comprar algo, dava um jeito de pegar o cartão de crédito de alguém emprestado – porque nem cartão eu tinha nessa época – e, assim, criava uma dívida. Quais eram os meus pensamentos para eu agir assim? "Eu posso, eu sou próspera. Nossa, eu consigo comprar o que eu quero. Vou lá e compro!". Para mim, isso era algo positivo, e eu entendia que era prosperidade, já que, em alguns momentos do meu passado, tinha sido privada de algumas coisas. Mas, como já falei antes, gastar tudo que você tem não é prosperidade. Essa, portanto, era a minha situação macro.

Agora vamos ao xis da questão, ao micro. Quando eu parei para analisar essa situação, lembrei que, na infância, escutava muito da minha mãe: "Se eu não fizer essa compra parcelada, nunca vou ter isso". Logo, para eu ter alguma coisa, precisava contrair dívidas. Eu repetia um padrão que ouvi a vida inteira. Por uma ligação emocional, eu estava fazendo igualzinho à minha mãe. Isso era inconsciente, mas me fez afundar de verdade, porque até empréstimo com agiota eu peguei. Foi um buraco sem fim. Ou melhor, o fim chegou quando eu comecei a expandir a minha consciência e percebi que havia algo errado com a minha vida financeira, decidindo quebrar esse padrão e fazer diferente.

O segundo exemplo que vou contar aconteceu com uma cliente que atendi. Ela ganhava muito dinheiro, mas, no final do mês, estava sempre zerada. O que entrava, saía, e ela não entendia o porquê. Nunca conseguia construir algo de muito grande. Esse era o macro de sua situação. Até que conseguimos chegar ao micro: na infância dela, ela via o pai e a mãe brigando muito por dinheiro. E, no meio de uma dessas discussões, ele infartou e morreu. Isso se tornou um forte impacto emocional para a minha cliente, gerando um trauma. Então, inconscientemente, ela passou a associar que dinheiro causa dor e sofrimento. Por isso, assim que recebia, precisava se desfazer logo dele para não sofrer.

Entendeu como identificar o micro e o macro? Então vamos à prática:

Escreva a seguir qual é a situação recorrente que você tem com o dinheiro, ou seja, o seu padrão que atrapalha a sua prosperidade. Esse comportamento representa a visão macro da questão. É uma percepção externa.

Agora vamos à percepção interna: quais são os sentimentos que essa situação gera em você? Sente que tem alguma conexão com algo que viveu em sua infância ou em qualquer outra época de sua vida? Esta será a visão micro da situação.

Exercício #2 – Desidentificação

Neste momento, o foco é você se desidentificar emocionalmente da sua crença. Por quê? Porque o nosso pensamento gera um sentimento, e o nosso sentimento gera uma ação. Muitas vezes, repetimos frases assim: "Quando eu vejo, já fiz", "Quando eu vejo, já comi", "Quando eu vejo, já gastei mais do que poderia" ou "É mais forte do que eu". Isso acontece porque existe uma crença que está atrelada a um sentimento, e daí vem a ação que você gostaria de evitar, mas não consegue.

Para começar a resolver isso, você precisa responder a três perguntas. A primeira é: de onde veio essa crença? Do seu pai, de um professor, de alguma situação? No meu caso, tinha vindo da minha mãe. A segunda pergunta é a mais importante: qual é a vantagem (o benefício) que isso me traz? Saiba que manter uma crença sempre nos garante algum benefício. Eu tive uma cliente, por exemplo, que vivia com a saúde debilitada. E o benefício que ela encontrava por trás disso é que essa era a única forma de conseguir a atenção do seu marido, que era uma pessoa naturalmente fria, mas que, quando ela adoecia, ficava supercarinhoso com ela.

Portanto, toda crença só se sustenta porque, junto a ela, vem algo de bom. No meu caso, eu vivia fazendo dívidas porque pensava: "Eu trabalho demais e mereço gastar". O danadinho do benefício que isso me trazia era uma sensação de liberdade, a qual eu não tinha porque me entupia de tanto trabalhar. Mas é preciso encontrar o equilíbrio. No caso da minha cliente, ela conseguiu sair desse padrão de receber carinho e atenção somente pela doença ao conversar com o marido e, juntos, combinaram fazer algumas coisas juntos que eram importantes para ela – e para ele também, claro. Já no meu caso, entendi que, para eu chegar a essa sensação de liberdade, poderia trabalhar um pouco menos para ter mais momentos de lazer em que me sentiria livre, como fazer uma viagem ou passear no final de semana.

Enfim, você precisa descobrir algo a fazer que, emocionalmente, vai gerar uma ação capaz de o desvincular da crença. O primeiro passo para isso é trazer para a consciência. Quando você entende, é como se esse bloco que sustentava a sua crença desmoronasse. E aí você vai introduzir esse novo sentimento, um novo benefício de maneira consciente. Portanto, a terceira pergunta é: que novo benefício pode ser introduzido em sua crença, para que gere um sentimento que vai deixar o seu dia a dia mais harmônico e equilibrado? Vamos lá responder às três perguntas?

De onde veio a sua crença?

____

____

____

Qual o benefício que a sua crença traz para você?

____

____

Que novo benefício pode ser introduzido em sua crença, para que gere um sentimento que vai deixar o seu dia a dia mais harmônico e equilibrado?

___

___

___

Exercício #3 – Reprogramação

Agora, é a hora de se desvincular de sua crença e instalar novos hábitos. Mas atenção: esse é um processo que vai se dissolvendo aos poucos. Não seja o seu carrasco. Você não tem que estar totalmente pronto pra instalar outros hábitos. Às vezes, pode levar anos. Então, tenha paciência com o seu processo, com a sua individualidade. Seja amoroso com o seu caminhar.

Você, como cocriador, precisa estar no estado de neutralidade para avaliar tudo conscientemente. Pergunte-se:

Com a sua crença, do que você está fugindo? De alguma dor? Caso sim, o que está aprendendo com essa dor?

___

___

___

Ou o que você está buscando? Algum prazer? Qual?

___

___

___

Agora, de maneira consciente, você vai colocar um hábito. Decida o que pode fazer de melhor por você, algo que irá lhe impulsionar. Por exemplo, "Ah, eu gosto de viajar", "Ah, eu gosto de ler e não tenho feito isso" ou "Ah, eu gosto de dançar, isso me deixa livre". Mas que dança? Porque tem várias estilos... Então, eu não posso simplesmente chegar para você e dizer o que deve fazer. Você tem a sua essência, a sua individualidade, os seus gostos. E tudo isso precisa ser respeitado. Dessa maneira, os novos hábitos vão lhe gerar uma forma diferente de prazer e também mais consciência para quando vier um momento de dor.

Entendido isso, agora responda:

Quais os novos hábitos que deseja introduzir na sua rotina, respeitando a sua individualidade?

____

____

____

____

Está pronto para instalar os novos hábitos? Mas lembre-se de ter paciência e um olhar amoroso sobre o seu processo e sobre você. O universo teve um extremo amor e cuidado em fazer você exatamente como é. Não há ninguém igual! Pode até haver pessoas com traços semelhantes, mas a sua essência é única. Então, realmente se olhe como uma pessoa única e de extrema qualidade, e siga a sua nova vida no seu tempo.

Entendendo o exercício

Essa sequência de perguntas é para você, primeiro, se identificar; depois, se desligar emocionalmente das crenças; e, por último, instalar novos hábitos. E isso é possível porque as crenças limitantes não fazem parte do seu DNA, da sua essência. Então, pode – e deve– se desvincular delas. Porém, se na hora de preencher essa atividade as respostas não surgirem de imediato, continue com a leitura deste livro e permaneça com suas autoavaliações e percepções. Assim, quando se sentir mais consciente, volte a este capítulo.

Bora meditar?

Além dos exercícios, vou propor para você duas meditações que ajudam a deixar para trás as crenças limitantes e instalar novos padrões em sua vida. Lembre-se de ir para um local sossegado, ficar numa posição confortável e apontar o leitor de QR Code do seu celular para os seguintes códigos:

Meditação "Reprogramação para a Prosperidade"

Leia o QR Code ao lado para acessar a meditação guiada pelo seu smartphone.

Meditação "Quebra dos padrões ancestrais"

Leia o QR Code ao lado para acessar a meditação guiada pelo seu smartphone.

Esta meditação é perfeita para quem tem a crença de que nunca irá prosperar por conta da situação de pobreza familiar vivida de geração em geração.

• CAPÍTULO 8 •

RESISTA À RESISTÊNCIA

"O medo do fracasso é um dos maiores obstáculos à prosperidade. Ele mantém as pessoas presas na zona de conforto, longe das oportunidades que poderiam transformar suas vidas."

Tony Robbins

JÁ PAROU PARA PENSAR QUE VOCÊ PODE ESTAR COLOCANDO resistência na chegada da prosperidade em sua vida? E isso se esconde por trás do medo. Medo de desapontar as pessoas que você ama, de fracassar, de não conseguir... Medo da falta, da escassez, da crise, da doença... Eu poderia ficar listando aqui inúmeros motivos para você temer – e cada um sabe dos seus. A resistência, então, usa esse mecanismo para paralisar você.

Mas se prepare para o que ouso dizer: a mãe de todos os medos é você descobrir que é tudo o que veio para ser. Ou seja, o seu maior medo está em pegar aquela ideia que sempre teve, aquela vontade mais inusitada, e agir na direção dela. Seu medo é o medo do sucesso, do brilho, de ser grande.

E sabe por que eu afirmo isso? Porque, quando você vai fazer alguma coisa que é muito importante para a sua vida, algo que vai gerar algum tipo de crescimento ou destaque, "coisas" acontecem. O primeiro indício é a procrastinação. Em diversos atendimentos, já ouvi: "Eu não consigo, minha vida está estagnada, não saio do lugar... Eu sei o que tenho que fazer, mas parece que existe uma força muito maior me puxando". Também já escutei muito: "Não consigo sair do celular... Não consigo sair da cama.... Sei que eu tenho que ir para a academia, mas algo vem, me derruba, me sabota, e eu acabo não indo".

Tudo isso faz parte da resistência, que ainda usa outros mecanismos. Por exemplo, quando você tem alguma coisa importante para fazer, o ânimo vai embora, você se prostra e começa a se autossabotar. Entra naquela zona desconfortável e de baixa autoestima, em que pensa:

"Talvez não seja para mim mesmo...".

Mesmo quando você está decidido e fala "Peraí que eu vou fazer", a resistência pode continuar agindo. É como se observasse a sua boa intenção e dissesse: "Ah, ele está espertinho... Então vou usar o externo". E assim começam aquelas situações inacreditáveis. Por exemplo, no dia em que você está finalizando um projeto importante – que vai lhe trazer destaque, um aumento de salário ou até mesmo a possibilidade de trabalhar por conta própria e mudar a sua vida –, o seu computador quebra. Do nada! Ou então o seu filho adoece. A resistência traz algo externo que paralisa você, que o faz parar e se autossabotar. Mas isso também vem do seu inconsciente, para que você permaneça seguro e protegido.

Afinal, se brilhar, se começar a ganhar muito dinheiro com aquela ideia mirabolante e passar a seguir um caminho completamente diferente ao de sua família ou de seus amigos, um alerta será ligado dentro de você: "Opa, é perigoso. As pessoas vão me julgar, eu vou ser rejeitado. Não posso fazer diferente, não posso, não posso...". E então começa a procrastinar, a entrar no medo, no desespero que paralisa.

Portanto, é preciso trazer isso para o consciente e começar a perceber quando esses mecanismos estão acontecendo. Você pode levantar alguns questionamentos, como: "Nossa, mas por que eu estou com medo disso?", "O que de pior vai acontecer se eu brilhar?" ou "Mas e se as pessoas se afastarem de mim?". Olha, se elas se afastarem porque você está brilhando, qual é o problema? Saiba que depois acabará atraindo a sua família de alma – pessoas verdadeiras que vão valorizar você. Isso porque você merece brilhar. Veio ao mundo para evoluir, para contribuir. E está tudo bem em você crescer, expandir e se tornar o que veio ser neste mundo.

O MEDO É DO SUCESSO

Entenda que o nosso maior medo não é do fracasso, e sim do sucesso. Nosso maior medo é da nossa própria luz.

Então, a partir de agora, analise as situações que você percebe que estão paralisando você. Observe se existe algum benefício oculto na sua procrastinação. Por exemplo, o que você ganha se não for à academia? Qual o benefício de não entregar o seu projeto visionário ao seu chefe?

Então, analise quais são as áreas da sua vida que agora, de maneira consciente, você consegue notar a resistência agindo, seja pela sua paralisação, pela procrastinação, pelo medo ou por algo externo. Você vai apenas observar, não é para culpar ninguém. Até porque, é você mesmo quem está atraindo isso de alguma maneira... Entenda: nós somos uma anteninha, e essa antena fica transmitindo um sinal, uma frequência. E essa frequência atrai outra frequência alinhada. Nada chega até você por acaso.

Comece, então, a se auto-observar, porque você veio aqui pra brilhar. Vós sois deuses e deusas! Deixe a sua luz brilhar, combinado?

Bora praticar?

Escreva, a seguir, em quais áreas da sua vida está notando a presença da resistência. Além disso, responda: o que tem por trás disso? Medo, autossabotagem? Por que você tem medo de brilhar? Procure as respostas dentro de si e seja sincero abaixo:

___

___

___

___

___

Entendendo o exercício

Para despertar a sua prosperidade, você precisa se colocar no papel de observador. Porém, olhe-se sem qualquer julgamento. O importante é entender o que se passa no seu inconsciente – e até mesmo no seu consciente – para perceber os seus entraves à abundância. Aos poucos, gentilmente, começará a se despir de um a um. A seguir, nos próximos capítulos, entenderá como é possível trazer uma nova realidade para a sua vida. Anime-se!

— PARTE 3 —

DEIXE A PROSPERIDADE ENTRAR

• CAPÍTULO 9 •

ATITUDES DAS PESSOAS PRÓSPERAS

"Pessoas prósperas cultivam hábitos diários de excelência. Elas sabem que pequenas ações consistentes levam a grandes resultados ao longo do tempo."

Robin Sharma

CHEGOU A HORA DA SUA VIRADA DE CHAVE. ATÉ AQUI, VOCÊ avaliou em que momento a sua prosperidade se encontra, nas diversas áreas de sua vida, e as possíveis causas que podem estar levando à sua escassez – ou, no mínimo, a resultados que estão bem longe do que você sonha. Agora, na terceira parte deste livro, vou apresentar os diversos caminhos que podem ajudar a impulsionar a sua abundância. E isso também faz parte do seu pacote de "despertar". Afinal, talvez não saiba que precisa agir de certas maneiras para se tornar um ímã do dinheiro e de tudo de melhor que merece. Está preparado para se surpreender? Então vamos lá!

Para começar, neste capítulo você vai conhecer as atitudes de quem vibra na prosperidade. A lista é longa – 15 ações ao todo –, mas espero que sirva de inspiração para a sua expansão de consciência. Se começar a praticar a maioria delas, certamente verá grandes transformações acontecendo em sua vida. A seguir, então, avalie se está agindo como alguém próspero ou se ainda precisa se desenvolver em certos aspectos.

Autoconfiança

Pessoas prósperas são autoconfiantes e não têm problema em se autopromover. Também fazem algo que eu gosto muito de frisar: elas se bancam! Sim, quem vive na prosperidade se garante. Isso muitas vezes pode ser confundido com egocentrismo, mas não é. Elas sabem que não são melhores do que ninguém. Porém, confiam em si e são as grandes provedoras de suas vidas. Em suas mentes, pensam: "O que vier, eu faço!". No Capítulo 15, falarei mais a respeito disso.

Positividade

Pessoas com prosperidade são positivas. Daí você pode perguntar: "Ah, então basta eu ser positivo para a minha vida mudar?". Claro que não. Quem possui a mentalidade próspera está empenhado em olhar o lado luz de cada situação e em gerar soluções. Ou seja, tem que ter ação também.

Investimento em conhecimento

Quem é próspero está sempre aprendendo alguma coisa. Investe, por exemplo, em aprender uma nova língua, mas também em cursos que tragam conhecimentos diferentes do que possuía até então. Com isso, busca a evolução e o crescimento saudável.

Autoconhecimento

Pessoas prósperas também dedicam um tempo ao autoconhecimento. Estão a cada instante se aprimorando, olhando para si, se auto-observando. Gostam de se questionar, mas não no sentido negativo da autocrítica. Costumam ficar num lugar de neutralidade: "Será que esse meu comportamento está congruente com o que desejo ou está me sabotando?". Ou seja, analisam suas atitudes o tempo todo.

Provisão de soluções

Alguém próspero está sempre procurando trazer soluções para a sua própria vida – e também à dos outros, caso peçam ajuda. Dessa maneira, não fica paralisado na reclamação.

Generosidade

Pessoas prósperas são generosas e estão constantemente dispostas a ajudar a coletividade. Costumam se envolver com algum tipo de projeto solidário.

Impor limites

Embora sejam extremamente generosas, pessoas prósperas sabem colocar limites. Isso é um grande desafio para a maioria das pessoas, mas elas têm noção de que precisam dizer não de vez em quando, para não desfocar de seus objetivos. E não têm medo do julgamento ou de rejeição por conta disso. Entendem que não é porque são generosas que irão dizer sim para tudo, mas apenas para o que estiver ao alcance delas.

Desapego

De quê? De tudo! São pessoas dispostas a correr riscos, sem medo de saírem de sua zona de conforto.

> Quem tem a mentalidade de prosperidade não se importa se vai perder ou ganhar, porque sabe que, se perder, conseguirá criar e recriar tudo novamente, sempre que quiser.

Já reparou naqueles multimilionários que quebram e, um tempo depois, já se reergueram? É porque ninguém tira deles a mentalidade de prosperidade. O mesmo pode acontecer com você: uma vez que expanda, nada mais vai mudar isso em sua mente. Mas será que eu estou dizendo que pessoas prósperas metem os pés pelas mãos? Não é isso... É claro que elas se planejam para conseguir realizar seus planos e sonhos. Porém, não ficam paralisadas na zona do medo e, como são desapegadas, estão sempre se lançando em busca de algo a mais.

Organização

Lembra que eu já disse que pessoas desorganizadas bloqueiam a prosperidade? Pois é... Os prósperos são organizados tanto externamente quanto internamente, nos seus pensamentos. Mantêm impecáveis os seus ambientes de trabalho e, também, os seus planejamentos.

Organização financeira

Quem está na prosperidade aprende a organizar, inclusive, os seus ganhos. Se tem um sócio, por exemplo, não deixa o negócio só por conta dele. Assim, passa a se organizar melhor financeiramente.

Elogios

Pessoas prósperas aceitam receber os presentes do Universo, como os elogios. Há muita gente que, quando começa a entrar no fluxo da prosperidade, se bloqueia quando é elogiada, procurando se diminuir. Por exemplo, se alguém diz "Nossa, que roupa bonita", pode responder: "Ah, que nada... Custou apenas R$ 10...". Ou seja, dá um jeitinho de se colocar para baixo. Já a pessoa verdadeiramente próspera não tem falsa modéstia. Se ouvir um elogio, responderá: "Muito obrigada. Você também está muito bem..." ou "Sim, eu sou isso que você está falando. Gratidão".

Empreendedorismo

Quem vibra na prosperidade aprende a enxergar oportunidades. Mesmo quando é empregado de alguma empresa ou até servidor público, é capaz de criar um novo serviço que vá contribuir para aquele trabalho. Possui a veia do empreendedorismo, que nada mais é do que a mentalidade de querer resolver problemas.

Formação é o de menos

Quem é próspero não se importa com a sua formação. Claro que existem cargos que vão exigir um preparo formal, como médico, psicólogo ou engenheiro. Porém, tem outros em que pouco vai valer a formação da pessoa, e sim a sua habilidade e competência para desenvolver determinadas tarefas. A sociedade ainda é muito engessada nesse formato: "Ah, eu preciso ter a formação X, Y ou Z para poder prosperar". Não, muitas vezes não é necessário. Você precisa ser um perito, ou seja, estudar durante um tempo sobre determinado assunto até se tornar bom o suficiente. E não há limites para isso. Os prósperos têm a visão de que basta começar: comprar livros, fazer cursos e, assim, desenvolver habilidades e competências.

Networking

Essa é uma atitude muito comum entre as pessoas prósperas: aumentar o círculo de amizades que estejam alinhadas com o seu interesse - é o famoso *networking*. Elas entendem que precisam estar abertas a outras pessoas para aprenderem ainda mais, trocar energias e ampliar as possibilidades. Por exemplo, ao fazerem um curso relacionado à sua área, expandem a rede de relacionamentos e isso é muito importante para o crescimento profissional.

Crescimento constante

Como já mencionei, pessoas no fluxo da prosperidade estão sempre buscando algum novo desafio, como aprender uma língua diferente. Isso porque se consideram em constante crescimento. Para isso, costumam se retirar da zona de conforto, mostrando ao Universo que não estão estagnadas. Até aprender um novo esporte pode estar na mira delas. E a verdade é que a lei universal é clara: tudo o que não está em crescimento morre. Por isso, assim como o Universo se encontra em evolução o tempo todo, a pessoa próspera sabe que também tem que crescer e contribuir. Muitas vezes, é um desafio, porque pode precisar ir além de seus limites e vencer seus medos. Mas ela se lança e, aos poucos, se supera.

E então, você já pratica alguma dessas atitudes? Ou todas elas? Seja qual for o seu ranking de ações, saiba que o mais importante é a consciência que passou a ter agora de que elas sinalizam uma abertura para a prosperidade. Essa expansão de consciência levará você a novos caminhos e, certamente, a novos resultados.

Bora praticar?

A seguir, dê notas 0, 5 ou 10 para cada uma das atitudes que podem aproximar você da prosperidade, sendo 0 equivalente a "nunca"; 5, "de vez em quando"; e 10, "sempre". O quanto você age das maneiras citadas abaixo?

Sente-se autoconfiante:

Possui positividade:

Investe em conhecimento:

Trabalha o autoconhecimento:

É um provedor de soluções:

É generoso:

Sabe impor limites:

Trabalha o desapego:

Possui organização em seu ambiente de trabalho e nos pensamentos:

Possui organização financeira:

Sabe receber elogios:

Tem atitudes empreendedoras:

Não se importa com a formação:

Faz networking:

Busca o crescimento constante:

Entendendo o exercício

Mais uma vez, você vai trazer consciência sobre as suas atitudes no dia a dia. E, no caso, aquelas que o aproximam do fluxo da prosperidade. Quanto mais notas 10 tiver, melhor. Mas não fique chateado com os 0 e os 5. Eles são sinais de alerta de que você precisa modificar certos comportamentos para conquistar uma vida mais abundante. Aos poucos, comece a fazer isso e logo começara a ver os resultados.

• CAPÍTULO 10 •

O PODER DA GRATIDÃO

"A gratidão é uma das práticas mais poderosas para atrair prosperidade. Quando você se concentra no que tem de bom, atrai mais coisas boas para sua vida."

Jack Canfield

COMO EU JÁ CONTEI PARA VOCÊ, ANTES EXISTIU UMA RENATA bem diferente do que sou hoje. Eu vivia no papel de vítima, não tinha poder pessoal algum e vibrava o tempo todo na reclamação. Foi apenas quando comecei o meu processo de autoconhecimento que percebi que o primeiro passo para sair desse lugar seria mudar a minha frequência vibracional. E isso aconteceria quando eu me conectasse com a gratidão. Foi assim que comecei a agradecer por tudo e minha vida foi ganhando outras cores. Isso porque a frequência da gratidão atrai ainda mais bênçãos para nós.

No começo, pareceu muito difícil, porque o meu olhar estava treinado para enxergar a dificuldade. Passamos 20, 30 anos de nossa vida murmurando e vendo as situações de maneira negativa. Então, não seria do dia para a noite que a gratidão entraria no meu modo automático. Mas é assim mesmo... Não mudamos num passe de mágica. O despertar é uma rotina, uma construção. Expandir a sua consciência exige que você mude. Você está aberto à mudança? Se ainda continua comigo neste livro, com certeza já está realizando as suas transformações. E, agora, chegou a hora de introduzir a gratidão no seu dia a dia, para se tornar ainda mais próspero.

COMECE, SIMPLESMENTE, COM UM CADERNO

Na minha jornada, já fiz vários exercícios para me ajudar a ser cada vez mais grata. Mas o que adotei para a minha vida foi o caderno da gratidão. Ele vai servir para conectar você a essa frequência e treinará o seu olhar para observar o que tem de positivo em cada situação. Afinal, nada acontece em nossa vida por acaso, por isso devemos agradecer até mesmo pelo que chamamos de "imprevistos". Imagine que você está em uma estrada e o pneu do seu carro fura. Na hora, fica bravo, indignado... Mas já parou para pensar que isso pode ter acontecido como um livramento? Se o pneu não tivesse furado, será que não teria se envolvido em um acidente logo ali na frente?

Em tudo há uma bênção disfarçada. Tudo o que chega até nós é para nos ensinar algo. Por esse motivo, treine o seu olhar para exercitar a gratidão inclusive nas situações que podem querer tirar você do sério. Isso é enxergar o lado luz.

Bem, voltando ao caderno... A técnica pode parecer fácil, mas nem sempre é – anda mais se você costuma se manter num padrão de reclamação e vitimização. Diariamente, deve escrever nesse caderno uma lista de dez motivos diferentes para ser grato. Porém, pode ser que não consiga chegar até o fim de sua enumeração logo nos primeiros dias, porque será algo novo e desafiador para você. Então, no primeiro mês de prática, sugiro que comece com três motivos diários. Assim, passará a treinar o seu cérebro a observar e buscar as situações de gratidão.

Mas lembre-se de que não vale repetir. Se escreveu num dia que é grato pela sua casa e pelo seu trabalho, no outro deverá agradecer por outras situações em sua vida. Amplie a sua criatividade e faça um esforço para abrir a sua percepção.

Em pouco tempo, a sua consciência vai ficar tão expandida para olhar as pequenas coisas, que você vai agradecer, por exemplo, pelo funcionamento de cada órgão e por cada detalhe que há ao seu redor. Dessa maneira, se dará conta do quanto é próspero e abundante, e vai parar de uma vez por todas de reclamar.

Outra maneira de praticar esse foco mais positivo é ter sempre junto de você a pedrinha da gratidão. Escolha uma pequena pedra para ser sua companheira e ande com ela o dia todo. De noite, olhe para ela e agradeça por tudo de bom que aconteceu naquele dia.

SEJA GRATO ANTES DE RECEBER

Como a frequência da gratidão vai fazer você atrair ainda mais bênçãos, uma dica preciosa é também agradecer por coisas que você ainda deseja obter.

> Nada de agradecer somente quando já tiver recebido. Entenda que é o contrário: você agradece e depois recebe.

Por exemplo: "Eu me sinto feliz e grato porque agora acabei de comprar o meu carro... porque consegui quitar a minha casa... porque passei na prova daquele concurso e já fui convocado... porque estou fazendo um intercâmbio nos Estados Unidos... porque eu tenho um relacionamento saudável com uma pessoa muito amorosa...". Coloque o tempo verbal sempre no presente ("Eu me sinto feliz..."). E agradeça porque o que você deseja já é real, já está acontecendo.

Procure fazer esses exercícios todos os dias, pelo menos ao longo de um mês. Depois, você vai ver que instalou um hábito. E assim a gratidão se torna o seu estilo de vida e as bênçãos começarão a se multiplicar em todas as áreas. Tudo vai se transformar porque você está mudando de frequência. Nunca se esqueça: a gratidão é uma vibração superelevada, que conecta você com a abundância e a prosperidade. E então, vamos agradecer?

Bora praticar?

Que tal começar treinando aqui o que deverá fazer todos os dias no seu caderno da gratidão? Abaixo, liste dez motivos pelos quais você se sente grato hoje:

1 – ______________________________

2 – ______________________________

3 – ______________________________

4 – ______________________________

5 – ______________________________

6 – ______________________________

7 – ______________________________

8 – ______________________________

9 – ______________________________

10 – ______________________________

Entendendo o exercício

Acredito que já ficou claro para você que, quanto mais você agradece, mais motivos para agradecer chegam à sua vida. Esta prática, portanto, vai ser o pontapé inicial para você ampliar a sua visão para o tanto de coisas boas que chegam até você. E prepare-se: outras estarão a caminho.

Bora meditar?

Para dar uma ajuda extra na elevação da sua frequência vibracional, preparei uma meditação especial para você. Então, em um local tranquilo, fique numa posição confortável e aponte o leitor de QR Code do seu celular para o seguinte código:

"Meditação da Gratidão"

Leia o QR Code ao lado para acessar a meditação guiada pelo seu smartphone.

• CAPÍTULO 11 •

O PODER DA HONESTIDADE

"A honestidade é a base da verdadeira prosperidade. Quando você vive com integridade, constrói relacionamentos sólidos e abre portas para oportunidades genuínas."

Stephen R. Covey

Em algum momento da vida, em geral, todos nós acabamos cedendo ao famoso "dar um jeitinho". Mas saiba que desonestidade vai muito além do que, simplesmente, nos apropriarmos de algo que não é nosso. Ela pode estar escondida nas entrelinhas, como furar uma fila, piratear um conteúdo ou pedir para um amigo o login e a senha do serviço de streaming que ele assina.

> No Universo, existe a troca entre o dar e receber, e quando queremos tirar vantagem em cima de algo, estamos quebrando esse ciclo.

Em algum momento, quem nunca fez isso? Quem nunca foi incoerente com a honestidade? Por exemplo, ao receber um troco a mais. Quando você não se dá conta e só percebe quando chegou em casa, sem chances de reencontrar com a pessoa que se enganou, não fez isso intencionalmente. Mas, quando há a intenção, é um grande problema. E tem gente que chega a ficar feliz com isso: "Nossa, olha o Universo me mandando dinheiro". Não, não é dessa forma que o dinheiro vai chegar até você!

Então, está tudo bem se isso aconteceu antes. Porém, agora você está expandindo, despertando para compreender que, se pedir o login e a senha de alguém para assistir de graça ao que deveria ser pago, isso é desonestidade. Não pense, contudo, que eu estou aqui defendendo as empresas. O que eu quero é ampliar o seu nível de consciência e mostrar que você está mandando algumas mensagens para o Universo. A primeira delas é de que está vibrando na frequência da escassez, já que não tem o suficiente para assinar o *streaming* e precisa dar o seu jeitinho.

A segunda mensagem é a da Lei de Ação e Reação: tudo aquilo que você mandar receberá de volta. Talvez você esteja pensando agora: "Ah, mas eu conheço pessoas que são completamente honestas e ainda assim coisas ruins acontecem com elas". Olha, eu não estou falando que quem é 100% honesto nunca vai ser enganado. Podem existir outras coisas presentes no inconsciente, como ter convivido na infância com quem tinha algumas atitudes que não eram legais, como tirar certas vantagens. Isso pode ficar armazenado no inconsciente e esse comportamento vir a se repetir na vida dessa pessoa. Além disso, quem sofre uma desonestidade pode ser para aprender a perdoar. São inúmeras as portas que se abrem, mas, com certeza, quando você é uma pessoa honesta, as chances de que isso aconteça são bem menores.

AH, MAS TODO MUNDO FAZ...

A desonestidade pode estar nas mínimas coisas que praticamos e que nem entendemos como malícia. Entramos naquela crença de "Ah, mas todo mundo faz!". Sim, todo mundo faz. Mas pense bem... Já vi pessoas vendendo a preços acessíveis piratarias de softwares de computadores, pelos quais deveríamos pagar uma mensalidade a uma empresa. Daí, essa empresa tem prejuízo, assim como as pessoas que trabalham nela. E a mensagem que é mandada para o Universo – tanto por quem vende quanto por quem compra – é: "Estou quebrando um ciclo de abundância". Isso não é legal, entende?

Então, observe as mínimas coisas em que pode ser mais honesto. E atenção: quando você toma essa consciência, parece que será testado o tempo todo. Eu vivo recebendo troco a mais e até mesmo comida extra quando faço um pedido pelo aplicativo de restaurantes. Mas eu sempre ligo e comunico o erro, devolvendo o troco ou pagando a diferença. Lá no passado, quando eu vibrava na escassez e vivia afundada em dívidas, teria ficado feliz. Hoje, não mais. Entendo que, se me beneficiar de um erro desses, é como se falasse ao Universo: "Olha, eu não sou capaz. Tenho que pegar algo de alguém. Tenho que me apropriar de um troco que vai prejudicar alguém".

O mais impressionante é que, quando eu comunico o problema, acabo recebendo algo a mais por conta da minha honestidade. O meu *mindset* mudou e a prosperidade entrou na minha vida como consequência. Quando sou honesta, estou fazendo o meu papel. Portanto, para você ser uma pessoa próspera, não precisa se apropriar de nada de ninguém, já que, com isso, acabará atraindo escassez para a sua vida. Espero que, a partir de agora, a sua consciência mude quanto a isso.

Tirar vantagem não vai trazer vantagem alguma para você.

Bora praticar?

Escreva a seguir quais foram as vezes em que agiu no automático e se apropriou de alguma coisa que não pertencia a você. Inclua todas as vezes em que sentiu que não estava sendo congruente com a honestidade.

Entendendo o exercício

Sem qualquer julgamento, esta prática serviu para você fazer um exame de consciência e uma autoavaliação de suas atitudes passadas. Agora, chegou a hora de se perdoar.

Faça a seguinte declaração:

Eu me abro para as infinitas possibilidades de honestidade.
Eu sou próspero, eu sou honesto.

No Universo, existe a troca
entre o dar e receber,
e quando queremos tirar
vantagem em cima de algo,
estamos quebrando esse ciclo.

@renatapeixotoh

• CAPÍTULO 12 •

O PODER DO PERDÃO

"O perdão é a chave para liberar o passado e abrir espaço para a prosperidade. Quando você perdoa, liberta-se de pesos emocionais que bloqueiam a abundância."

Louise Hay

Existem alguns "Rs" que bloqueiam o fluxo da vida próspera e abundante. Quais seriam? Raiva, ressentimento, rancor. E vou incluir o ódio também. Toda vez que você entra numa dessas frequências, isso gera um sentimento que, ao ser emanado, vai criar um campo à sua volta fazendo com que se conecte a pessoas semelhantes – também cheias de raiva, ressentimento, rancor e ódio. Isso sem contar que, quando o seu coração está lotado desses sentimentos, você não consegue manifestar nada. E o pior é que tem gente que enche a boca para falar: "Eu sou assim mesmo... Não perdoo! Sou uma pessoa extremamente rancorosa". Como se fosse algo nobre...

Quando alguém se coloca nessa situação de não estar disposto a perdoar, entra num estado de que não erra, de que é uma pessoa perfeita. Só que, em algum momento, todos nós que estamos aqui neste plano já erramos. E ainda vamos cometer alguns outros equívocos, porque estamos caminhando – embora, com a expansão da nossa consciência, a tendência é aprendermos as lições para não errar novamente. Enquanto isso não acontece, você deve perdoar primeiro, porque precisa tanto quanto aquela pessoa que falhou.

Outro aspecto que pode ajudar você a se abrir ao perdão é olhar para os seus atos de cinco, dez, quinze anos atrás. Você é a mesma pessoa? Tem o mesmo nível de consciência que possuía naquela época? Provavelmente, não. E aposto que já cometeu algum ato do qual se arrependeu e, em algum momento, precisou do perdão de alguém. Mesmo assim, você não quer perdoar o outro? Egoisticamente falando, entenda que perdoar é para o seu próprio benefício. Se a pessoa que magoou você não tem consciência, isso é problema dela, ainda que você pense: "Eu não vou perdoar porque ela não tem noção e continua errando". Mas e você? Qual é o seu nível de consciência?

Eu não estou dizendo que seja uma tarefa fácil. Muitas vezes, assim como uma cebola, é necessário tirar camadas de ressentimento. Ou seja, hoje você perdoa, dali a pouco lembra de alguma outra coisa que dói, e precisa soltar isso também. E sabe por quê? Porque é você quem merece! A falta de perdão adoece. Quando não perdoamos, nosso corpo somatiza esses sentimentos de raiva e rancor, que acabam afetando o físico. Além disso, a vida fica parada e, sobretudo, a prosperidade. Isso porque raiva, ressentimento, rancor e ódio são os maiores bloqueadores da abundância que existem.

Porém, perdoar não é passar uma borracha, não é subir num banco e se colocar acima do bem e do mal, dizendo: "Olha como eu sou nobre. Sou um ser iluminado porque eu estou perdoando. Sou uma pessoa maravilhosa" – esses são pensamentos que o nosso ego gosta de ter. Mas não. Perdoamos porque, simplesmente, precisamos disso. Perdoar vai nos fazer bem, vai gerar bons sentimentos. Dessa maneira, você se reconecta novamente com o amor, porque um coração que está com ódio, vibrando na vingança, só vai atrair coisas ruins para a sua vida. Afinal, lembre-se de que o mundo é regido pela Lei de Ação e Reação, e não cabe a você querer fazer justiça.

Entenda que você não está vendo a totalidade daquela pessoa que errou, não sabe o que ela estava passando naquele momento, embora eu não queira encontrar justificativas para a atitude do outro. Mas é você quem decide se quer abrir a chave da cela na qual está preso. Sim, quando você não perdoa, fica numa prisão. E então vem o Universo e entrega a chave nas suas mãos para você se libertar por meio do perdão. Você continuará preso ou decidirá se limpar dessa dor?

VOCÊ SE PERDOA?

Às vezes, porém, a pessoa que precisa perdoar é você mesmo. Talvez venha se punindo, se cobrando e se maldizendo na autocrítica por algum errou que cometeu há anos. Mas, mesmo que tenha sido na semana passada, você está expandindo a sua consciência e mudando. O passado nos ensina. As experiências e também os nossos erros nos trazem lições. E todo mundo, sem exceção, tem o direito de mudar. Basta querer.

Então, se você não se perdoa, entenda também que agiu com o nível de consciência que tinha antes. Talvez diga agora: "Ah, mas o outro não me perdoou". Isso não importa. Perdoe-se! Você pode tomar essa atitude e abrir espaço para manifestar o melhor em sua vida.

Um outro aspecto também é que, mesmo que você perdoe uma pessoa, não significa que precisa voltar ao convívio com ela, como se toda hora fosse abraçar um cacto. Muitas vezes, você necessita manter uma distância saudável. Não é alimentar a indiferença, porque isso tem que estar limpo no seu coração. Com diz Arly Cravo, que é mentor de autoconhecimento e relacionamento, a distância saudável é aquela em que você consegue, ao menos, continuar emanando amor. Ou seja, nada mais de ranço, raiva ou ressentimentos.

Chegou a hora, então, de você faxinar esses sentimentos negativos. Desperte para a chave da cela na qual você está preso.

Perdoar é a chave da sua liberdade! E é você quem é liberto quando perdoa. Estará tirando um fardo, um peso do seu coração, e se mostrando merecedor de viver experiências incríveis. Bora ser livre? A decisão é sua!

Bora praticar?

Feche os olhos, respire fundo e em seguida peça ao seu coração para lhe mostrar quais são as pessoas pelas quais tem raiva, rancor ou ressentimento. Agora abra os olhos e escreva o nome delas abaixo. Pode, inclusive, incluir o seu próprio nome, caso guarde alguma culpa em relação ao seu passado. Ao lado, escreva dois motivos pelos quais está pronto para perdoá-las (ou a si próprio).

Nome: ______________________________

Motivos para perdoar:

1. ______________________________

2. ______________________________

Nome: ______________________________

Motivos para perdoar:

1. ______________________________

2. ______________________________

Nome: ______________________________

Motivos para perdoar:

1. ______________________________

2. ______________________________

Entendendo o exercício

Ao fazer esta reflexão, você estará dando o primeiro passo para a sua liberdade e, consequentemente, para a sua prosperidade. O objetivo é ajudar você a se abrir para o perdão, inicialmente em sua mente e no seu coração. Assim, o passo seguinte (da reconciliação) ficará mais fácil.

Bora meditar?

Quanto mais movimentos você fizer rumo a essa libertação, mais leve e corajoso se tornará para realmente perdoar a quem lhe fez mal (ou a você mesmo, por conta de algum erro do passado). Então, vá para um local tranquilo, posicione-se confortavelmente e aponte o leitor de QR Code do seu celular para o seguinte código. Feche os olhos em seguida e boa meditação!

"Meditação do Perdão"

Leia o QR Code ao lado para acessar a meditação guiada pelo seu smartphone.

• CAPÍTULO 13 •

O VOCABULÁRIO DA PROSPERIDADE

"Seja impecável com suas palavras. Use o poder da sua fala com integridade e amor, pois suas palavras criam a realidade que você vive."

Don Miguel Ruiz

Se você ficar um dia inteiro com o seu celular gravando tudo o que fala, tem noção de que pode estar verbalizando muitas frases e palavras capazes de afastar a sua prosperidade? Por outro lado, há outras que vão atuar como um ímã para a sua abundância. Agora, então, vou convidar você para a auto-observação do que sai de sua boca – e olha que nem vou entrar no mérito do seu pensamento, mas esse você também precisa vigiar. Isso é muito importante porque, como diz o famoso coach Tony Robbins – grande especialista em programação neurolinguística –, a forma como as palavras atingem a nossa mente faz com que nossas ações aconteçam.

Isso quer dizer que as palavras carregam um sentimento, e é a partir daí que nós iremos agir. Por exemplo, quando alguém diz "eu odeio tal coisa", está se fechando para ela. A palavra ódio é muito forte. Melhor dizer: "Ah, eu tenho pouca afinidade com isso. Não acho tão legal...". Percebe a diferença? Se você falar assim, mostra que está disposto a algum dia experimentar. Não se limita, entende? Por mais que saiba que certa coisa não dá para você, jamais diga que odeia.

Cuidado também se vive repetindo para si mesmo: "Ah, eu não sirvo para nada. Sou um fracasso". Olha o que está internalizando! Essas palavras drenam a sua energia. E vão gerar qual ação? Na verdade, vão paralisar você – nem ação terá! Ou, caso tenha, será para se autossabotar e realmente provar a você e ao mundo que é um fracasso. Mas fique tranquilo porque não é o único a dizer certas frases que puxam para baixo. Eu também tinha a mania de repetir para mim: "Ai Renata, como você é burra". Quando percebi que tinha esse vício, parei de falar isso e, quando escapava, na hora me consertava: "Opa, sou nada, sou inteligente!". Então, todo dia estamos nos reconstruindo. Isso muda a nossa frequência e, consequentemente, as nossas ações.

A seguir, vou apresentar algumas das frases mais faladas por quem ainda não despertou para a prosperidade. Fique bem atento a elas para construir o seu novo vocabulário que lhe trará abundância.

Eu tenho que fazer isso...

Não, você não tem nada. Você vai fazer! Falar "tem que" não lhe traz qualquer ação positiva. Ao contrário, é um peso, é moroso.

> Quando diz "eu vou", "eu posso" ou "eu faço", tudo muda: você se torna mais decidido e, ao mesmo tempo, mais leve.

Eu vou tentar.

Tem um princípio semelhante ao anterior. Você não vai tentar nada... Vai fazer! Ficar na sensação da tentativa só vai paralisar você.

Eu não tenho dinheiro para...

Troque para: "Eu escolho não investir nisso". Percebe a diferença? Dizer que não tem dinheiro é algo limitado. Você está mandando uma mensagem para o Universo de impotência. Se fala "eu escolho", assume o poder de escolher – olha o poder pessoal voltando para você! Por exemplo: "Eu escolho não investir nesse momento porque tenho outras prioridades agora. Escolho investir meu dinheiro em outra coisa". Bem melhor, não é mesmo?

Ah, isso é caro!

Ao falar dessa maneira, você desvaloriza a mercadoria ou o trabalho de alguém. Não é que seja caro e sim que, no momento, você decide (ou escolhe) não investir nisso. Tudo tem um custo, e não vai ser você quem irá precificar o produto dos outros, certo?

Dá um descontinho aí...

Ao sugerir que você pare de pedir desconto não estou falando que tem que sair por aí e comprar alguma coisa com valor muito exorbitante, diferente do que está acostumado, para que se sinta abundante. O problema é que tem pessoas que são viciadas em pechinchar. Pedem, por exemplo, bolsas de estudo, sendo que nem precisam. Já estão acostumadas a viver chorando descontos, e muitas vezes isso é depreciar o trabalho do outro. É, também, faltar com a honestidade – e lembra que isso atrapalha a prosperidade? Caso você realmente não possa pagar por algo e quer pedir um desconto, tudo bem. E se está vendo que algo que deseja comprar custa mais barato numa loja, vá lá e compre. É diferente de ficar pechinchando.

Eu estou gastando.

Elimine do seu vocabulário o verbo "gastar". Pessoas prósperas não gastam, elas investem. Pode ser uma balinha que estejam comprando, e ainda assim elas veem como um investimento. E, como se sabe, todo o dinheiro que você investe volta para você multiplicado.

Isso é muito difícil

Quando você diz que algo é difícil, sinaliza desde já que não quer fazer, nem mesmo tentar. Passa a mensagem de que não vai dar conta. É uma energia baixa que paralisa você. Troque por "desafiador". Se um problema é desafiador, é porque pode ser superado. Você consegue! Dessa maneira, não está se limitando.

Percebeu a força disso? Não é à toa que existe aquele ditado popular: "Cuidado com as palavras, porque elas têm poder". Têm mesmo! Sobre as nossas emoções... Por isso, precisamos estar muito atentos ao que falamos, buscando sair do piloto automático. Muitas vezes, reproduzimos aquilo que ouvimos a vida toda. Mas, opa, se corrija! E peça ajuda às pessoas com quem convive para ficarem de olho em você, chamando a sua atenção sempre que deixar escapar uma expressão na frequência da escassez. Comprometa-se a se vigiar! Por exemplo: "A partir de agora, vou eliminar do meu vocabulário as palavras difícil e gastar". Escolha isso. Lembre-se: você tem esse poder.

Bora praticar?

Entre todas as frases que citei neste capítulo, quais são as três que você mais repete ao longo do dia e que podem bloquear a sua prosperidade? Se não for nenhuma delas, pense se fala algo parecido e registre abaixo.

1. ____

2. ____

3. ____

Agora, crie um novo vocabulário para substituí-las e alinhar você com a abundância:

1. ______________________________

2. ______________________________

3. ______________________________

Entendendo o exercício

Aqui, eu propus que você fizesse um exame de consciência a respeito dos vícios de linguagem que podem estar o sabotando e colocando para baixo. A partir de agora, tenho certeza de que se tornará mais consciente a respeito das palavras que fala e, quando pensar em seguir um padrão antigo, imediatamente mudará para as novas frases que criou, fortalecedoras da sua prosperidade. Isso é programação neurolinguística.

• CAPÍTULO 14 •

O FLUXO DA PROSPERIDADE

"A forma como você administra e divide o seu dinheiro reflete sua mentalidade financeira. Crie um sistema de contas para gastos, poupança, investimentos e doações, e veja sua prosperidade crescer."

T. Harv Eker

Você, que é um afortunado, sabia que o seu dinheiro precisa ter uma direção? Isso vai lhe trazer organização e clareza. Afinal, já parou para pensar para que, exatamente, quer ter dinheiro? Seja qual for a sua resposta, saiba que será esse o caminho da sua prosperidade. Eu não tinha essa visão. Na minha cabeça, o meu sonho era pagar as dívidas. Por isso, todo dinheiro que entrava na minha vida ia somente nessa direção.

Mas não é assim que você deve pensar. É preciso saber direcionar bem essa energia para vários caminhos. E eu chamo esses caminhos de "potes". Agora que você está cada vez mais alinhado com a abundância, vou mostrar o que pode fazer para equilibrar o fluxo da prosperidade, de maneira que ele jamais pare de seguir o seu curso. Então, neste capítulo, apresento para você os seis potes para direcionar o seu dinheiro abençoado.

Pote das necessidades básicas

Dentro dele, coloque 50% da sua renda. Esse valor deverá ser investido no aluguel ou na prestação da sua casa e para todas as suas despesas básicas, como contas de água, luz, operadora de celular e internet. E fique bem atento na sua organização, porque o que você gasta com esses itens não pode ser superior à metade do que recebe.

Pote para se pagar

Neste, você vai destinar 10% do que ganha com o objetivo de "se pagar". Como assim? Será um valor para investir no que ama, como uma atividade de lazer, a ida a um bom restaurante ou comprar uma roupa que estava querendo. Isso porque você precisa ver a energia do dinheiro indo em sua direção também, senão a abundância vai perder o sentido. Acredite: se pagar é muito importante. Se possível, saque esse dinheiro, para sentir essa energia como sua realmente.

Pote da liberdade financeira

Outros 10% da sua renda devem ser para você empreender. Tanto pode colocar o valor numa conta de investimentos quanto comprar alguma coisa para revender. Existem inúmeras formas de começar a fazer o seu dinheiro trabalhar por você. Desperte para isso!

Pote para poupar

Será que, neste, você vai guardar um dinheiro para os tempos ruins ou para usar em alguma emergência? Não! Não é isso que você deve manifestar. Faça com que esse dinheiro seja a reserva para a sua plenitude – a qual também pode chamar de reserva da prosperidade ou da abundância. Mais 10%, então, serão reservados para viajar, fazer um curso ou reformar a sua casa, por exemplo. E você vai sempre olhar para esse pote e dizer: "Eu sou próspero! Eu sou abundante!". Portanto, estará poupando para os dias prósperos. Nada de ficar cocriando uma despesa extra. Pense que essa reserva é para que você tenha como prosperar ainda mais.

Pote do conhecimento

Neste, reserve mais 10% com cursos, graduações, livros, seminários, retiros... Não importa de quais áreas sejam. Investir em conhecimento é o seu maior ativo. Mesmo que um dia você perca todo o seu dinheiro, continuará com o seu conhecimento e poderá se reerguer quantas vezes precisar. Este pote também pode ser entendido como um investimento em crescimento. Lembra que o Universo está em constante movimento? Por isso, gosta da sua ação. E quando você está aprendendo algo novo, se coloca no movimento de crescimento, e isso também traz a energia da prosperidade.

Pote da doação

Os últimos 10% também são superimportantes. Eles serão destinados para abundar na vida das pessoas por meio de suas doações. Não importa para onde sejam: para o local religioso que frequenta, para uma instituição reconhecidamente séria, para pessoas que você saiba que estejam precisando... Faça a sua parte! Você pode, inclusive, dividir esses 10% para diferentes destinos. Eu, por exemplo, costumo sacar os 10% e destinar 5% para as instituições e os outros 5% eu deixo na minha carteira. E é impressionante: sempre encontro pessoas na rua que fazem o meu coração sentir que precisam daquela doação.

Mas talvez você fale: "Ah, Renata, agora eu estou muito apertado e não consigo tirar 10% da minha renda para isso". Tire menos. Vá se organizando de acordo com o que pode, mas não deixe de fazer a sua doação. Comece, por exemplo, com 5%. Ou se não puder nem isso, dê R$ 5 para alguém, para já sentir essa energia. Você também pode doar aqueles objetos ou eletrodomésticos parados na sua casa ou as roupas que estão entupindo as suas gavetas e você nunca usa. Se não estão tendo utilidade para você, é sinal de que não fazem falta. É energia estagnada. Ao passar adiante, vai liberar o fluxo da prosperidade.

Traga esses "potinhos" para a sua realidade. Pense que você é como um cálice. Tão abundante, mas tão abundante, que transborda para os outros cálices ao seu redor. Isso é prosperidade, é abundar na vida das outras pessoas. E se você destinar o seu dinheiro da forma como estou sugerindo, não tem como o seu cálice não transbordar.

Antigamente, eu olhava para a minha vida e achava que isso era algo tão longe, quase inatingível. Mas, da mesma forma que aconteceu comigo, também é possível com você. Comece a se organizar e a colocar em prática esse fluxo financeiro rumo aos potes. Você já faz isso ou ainda está no verdadeiro inconsciente? Qual é a direção que o seu dinheiro toma? Recebe num dia e no outro já não tem mais nenhum? Eu era desse time, até a minha ficha cair de que precisava dar um destino para tudo o que ganhava. Ajude o seu dinheiro a também seguir esses caminhos. Assim, vai perceber que fará milagres com o que recebe e ainda vai atrair mais. Muito mais.

Bora praticar?

Que tal já começar a pensar no destino do dinheiro abundante que está chegando para você? Mesmo que ainda não tenha tanto, quero que projete o que fará com os 50% que restarão após você suprir as suas necessidades básicas. Use a sua imaginação! Seja generoso com você e com os outros. Cite, então, três coisas que fará com os...

10% para se pagar

1. ______________________________

2. ______________________________

3. ______________________________

10% para a liberdade financeira

1. ______________________________

2. ______________________________

3. ______________________________

10% para a reserva da abundância

1. ______________________________

2. ______________________________

3. ______________________________

10% para o conhecimento

1. ______________________________

2. ______________________________

3. ______________________________

10% para a doação

1. ______________________________

2. ______________________________

3. ______________________________

Entendendo o exercício

O momento, agora, foi de cocriação. Quando coloca no papel o que deseja fazer com o seu dinheiro, está trabalhando para manifestar isso no seu futuro. Ao trazer para a sua mente as possibilidades de usar o seu dinheiro além de simplesmente pagar boletos, é como se dissesse ao Universo: "Pode mandar porque vou saber usar para o meu bem e para o bem do outro". E acredite: as oportunidades surgirão para que consiga realizar isso. Caberá a você fazer a sua parte, se organizar financeiramente e, assim, realmente direcionar o seu dinheiro para esses potes da prosperidade.

• CAPÍTULO 15 •

A ENERGIA DE SE BANCAR

"Bancar a prosperidade é agir como se você já tivesse tudo o que deseja, porque, no campo das infinitas possibilidades, isso já existe."

Hélio Couto

O que você entende por "se bancar"? Acredita que seja estar financeiramente estável para poder fazer ou comprar o que quiser? Pois saiba que vai muito além disso. A energia do se bancar que vou apresentar neste capítulo se trata, simplesmente, de ter autoestima e autoconfiança.

> A prosperidade e o dinheiro adoram pessoas que se amam e são autoconfiantes!

Vou trazer alguns exemplos para você entender melhor. Imagine que agora descobriu que o seu propósito de vida está alinhado com o marketing digital e precisa das redes sociais para divulgar o seu trabalho. Só que, quando chega a hora de gravar um story ou de fazer uma *live*, você trava, assim como já aconteceu comigo lá atrás. O medo e a insegurança o paralisam – "Ai, o que vão pensar de mim? E se não gostarem do que eu vou falar?". Ou, então, pense que está participando de um processo seletivo, tem avançado nas fases classificatórias, mas aí começa a pensar: "Tô com tanto medo... E se eu passar e não der conta?".

O medo é normal. Mas você percebe que, assim, está colocando a sua energia no estado de "eu não posso, não sou capaz"?

Talvez isso faça parte de algo que já tenha várias vezes ouvido ao longo de sua vida, como: "Você não faz nada direito!". E então, por padrão de repetição, você foi internalizando a ideia de que nunca é merecedor o bastante: "Ah, não... Isso aí não é pra mim".

Mas, a partir de agora, chegou a hora de quebrar isso. E você vai começar por um caminho bem fácil de fazer. Quando for ao supermercado, compre o sabonete mais caro e mais cheiroso que tiver nas prateleiras – estou dando esse exemplo porque sou apaixonada por sabonetes e acho que as pessoas vibram muito na escassez quando escolhem o mais barato para levar para casa. Ou, então, compre aquela geleia importada que você fica apenas admirando, mas nunca coloca no carrinho. Permita-se! Traga para você essa energia do "eu mereço". Por que você tem sempre que ficar com o que é inferior? Quando é que você se dá alguma coisa legal? Por isso, sua transformação vai começar pelo simples.

Quando chegar em casa, tome aquele banho usando o seu sabonete maravilhoso como se fosse num spa. Ou saboreie a sua geleia como se estivesse no café da manhã de um hotel incrível. Enquanto faz isso, vá pensando: "Eu posso me dar o melhor porque eu me banco, eu me garanto". Embora o mundo tenha nos ensinado que só merecemos um pouquinho, uma parte, entenda que as coisas não são assim. Você é merecedor do que há de melhor, de tudo o que é bom. Você não está neste mundo para ter uma vidinha só de migalhas, e sim para ser abundante. É filho do Criador, do Tudo o que é. E Ele está lhe dando um sinal: "A abundância está aí e ela é para você".

Só que, muitas vezes, você não tem essa clareza. Por quê? Porque não se conhece e não tem a consciência do "eu posso". Essa é a energia do se bancar. Assim, voltando aos exemplos, quando for gravar o seu vídeo, vai dizer: "Eu tenho coragem de me mostrar, eu dou conta!". E, durante o processo seletivo, vai falar: "Essa vaga é minha. Eu posso! Se eu não souber fazer tudo o que é exigido, eu me disponho a aprender. Basta perguntar às pessoas porque elas não vão me morder". O caminho é esse: empodere-se.

O UNIVERSO FEZ VOCÊ ÚNICO

Sabe aquela sua insegurança de aparecer nas redes sociais? Pode ser porque você fica se comparando. Pare com isso, porque essas mídias são só um recorte da vida de uma pessoa. Cada uma tem um caminho. Cada uma tem uma estrada a cumprir. Não é que alguém mereça mais e você mereça menos. Nada disso. Na verdade, ninguém sabe o que se passa por trás daquelas fotos "felizes" que as pessoas ficam postando.

O que você precisa trazer para a sua mente é que o Universo teve tanto amor e tanta consideração por você que o fez único. Não há uma cópia sua. Ele teve o prazer de criar você exatamente como é, permitindo que esteja na benção do aqui e do agora para que viva grandes oportunidades. E, na sua trajetória, você pode mudar, se melhorar e cocriar a energia do se bancar. Assim, todos os dias ao acordar, afirme: "Eu me banco perante a vida. Eu posso, eu mereço, eu realizo".

A partir de agora, entre na energia do se bancar. Isso porque a prosperidade ama quem se garante e quem se sustenta. Ela gosta de quem fala assim: "Eu dou conta, eu vou lá. Se eu não der conta, eu pergunto, eu aprendo, eu faço". Seja qual for o seu desafio, confie que é merecedor. Lembre-se de tudo aquilo que o Todo criou no mundo e que tem disponível para você. Não se sinta separado da fonte da abundância. Você faz parte dela sim. Aproveite e se banque!

Bora praticar?

A seguir, na primeira coluna, escreva os seus pontos fortes, aquilo que admira em você. Por exemplo, "sou extrovertido", "sou inteligente", "sou alegre"... (ou, apenas, "extroversão", "inteligência", "alegria"...). No começo, pode ser desafiador, porque talvez faça tempo que você não permita se olhar com amor e coragem. Mas comece a puxar de dentro de si essas qualidades.

Na coluna do meio, inclua os pontos a melhorar. Entenda que você não tem pontos fracos, e sim melhorias que precisa fazer, assim como todo mundo. Por exemplo: "tenho ansiedade", "me comparo demais", "costumo ser grosseiro e magoo as pessoas" ou "tenho medo do sucesso". O importante é escrever com verdade e sem julgamentos.

Por fim, preencha a terceira coluna com as atitudes que você precisa fazer para melhorar os pontos que citou. Exemplos: "vou começar a meditar mais", "vou deixar de ser tão crítico comigo mesmo e excluir das minhas redes sociais aquelas pessoas com quem me comparo", "vou me policiar para não ser tão reativo com os outros" ou "vou passar a fazer *lives* e perder o medo de me mostrar".

Pontos fortes	Pontos a melhorar	O que fazer para melhorar
____________	____________	____________
____________	____________	____________
____________	____________	____________
____________	____________	____________
____________	____________	____________

Entendendo o exercício

Esta prática levará você ao autoconhecimento. Vai promover um momento de presença consigo mesmo, para que faça algumas percepções do ser único que é. Ao ter essa clareza, você irá desenvolver a consciência de que pode tudo o que quiser. Parar alguns instantes para preencher este exercício ajudará muito na sua energia de se bancar. E, olha, não se subestime diante dos pontos a melhorar. Mesmo que, na hora da prática, não vier nada à sua cabeça do que pode fazer para resolver, entenda que reconhecer o que precisa transformar em sua vida já foi um grande passo. Solte para o Universo e Ele vai trazer para você os caminhos para aumentar a sua autoconfiança e a sua autoestima.

— PARTE 4 —

A PROSPERIDADE ESTÁ DISPONÍVEL PARA VOCÊ. ACEITA?

• CAPÍTULO 16 •

VOCÊ PODE ATRAIR A ABUNDÂNCIA

"A prosperidade é uma resposta natural à sua vibração. Quando você alinha seus pensamentos e emoções com a abundância, o Universo responde trazendo mais do mesmo."
Esther Hicks

Até aqui, você passou por um importante processo do despertar. Já olhou para as suas crenças, ressignificou diversos conceitos que o estavam afastando da abundância e entendeu a mentalidade de uma pessoa próspera. Está pronto, então, para atrair o que há de melhor para a sua vida. E nós vamos chegando à parte final deste livro com um mecanismo fundamental para isso: a Lei da Atração aplicada à prosperidade.

Não importa se você é uma pessoa mística ou não, religiosa ou não. Ela funciona para todos, porque é uma lei universal. Assim com a Lei da Gravidade, a Lei da Atração age o tempo todo, independentemente de você estar consciente disso ou não. Mas o seu papel, agora, é se tornar consciente dela, para que cocrie a sua realidade sabendo exatamente o que está fazendo.

E, afinal, o que diz essa lei? Que semelhante atrai semelhante. Um pensamento dominante na sua mente vai atrair rapidamente vários pensamentos parecidos. Por exemplo, quando você está focado em suas dívidas, este será o seu pensamento dominante, ruim e negativo, que acabará puxando automaticamente outros pensamentos idênticos, deixando o problema parecer muito maior. Isso já aconteceu comigo. Quando eu estava atolada em dívidas, adivinhe qual era o meu foco? Nelas! E não nas formas de ganhar dinheiro. Meus pensamentos ficavam presos no problema, em vez de tentar achar a solução. Resultado: cada vez eu devia mais e mais.

Então, pensamentos atraem pensamentos. E esses pensamentos atraem sentimentos. É de acordo com esses sentimentos que iremos agir, gerando a nossa realidade. Entender isso é fundamental para você assumir as rédeas da sua vida. Isso porque, se o seu pensamento vai causar um sentimento seguido por uma ação, basta você passar a pensar da forma mais consciente possível. Se hoje enfrenta desafios – seja na área da saúde, dos relacionamentos, da prosperidade... –, o que deve começar a fazer? O primeiro passo é alimentar pensamentos de gratidão.

Lembra que ela é tão importante que cheguei a dedicar um capítulo inteiro falando sobre o assunto? Pois é... Sem a gratidão, você nem consegue sair do lugar. Vai olhar para o copo com água até a metade e enxergá-lo sempre meio vazio. Portanto, comece a agradecer: "Eu me sinto feliz e grato por isso". Assim, trará um outro tipo de pensamento à sua mente, que irá atrair mais bênçãos. Talvez você agora se pergunte: "Mas aí basta eu pensar, ter um sentimento e agir?". Não, ainda falta a cereja do bolo.

SOLTE E CONFIE

Dentro da Lei da Atração exercida de forma consciente, a cereja do bolo é o soltar. Mas o que é isso exatamente? É nada mais do que confiar. Sempre brinco que o Universo não gosta de pressão. Por exemplo, você faz uma técnica para manifestar um carro. Na semana seguinte, vai à sua garagem e diz: "Mas como é que meu carro ainda não está aí, se eu o cocriei?". Ou seja, está colocando pressão e ansiedade, porque quer que o seu desejo aconteça do dia para a noite. Mas você consegue perceber que existe um tempo divino? Talvez o relógio do Universo entenda que você precisa primeiro tirar a sua habilitação para depois lhe trazer o carro.

Em tudo existe um processo. Você, como cocriador, até pode colapsar a função de onda instantaneamente, que é entrar em alinhamento vibracional com o seu desejo – por meio do sentimento e da vibração – e receber logo. Mas é preciso aceitar que também existe um tempo divino, e se o que você está desejando não aconteceu naquele exato momento, apenas mantenha a certeza de que vai se manifestar mais adiante. E está tudo bem quanto a isso. Apenas confie e não coloque pressão no Universo.

Para você entender melhor, imagine uma situação. Você entra numa loja e logo vem um vendedor o abordar: "Oi, posso ajudar? O que deseja? Posso pegar isso aqui pra você?". Qual é a sua vontade? De sair correndo da loja, porque não se sente à vontade com tamanha pressão que o vendedor está fazendo para que compre algo. Mas, se chega no estabelecimento e o funcionário apenas sinaliza que está disponível para o atendimento e o deixa livre para olhar o que quiser, a tendência é que faça as suas compras com mais tranquilidade. O vendedor que age assim solta o cliente. Com o Universo acontece o mesmo... Ele gosta de ficar à vontade para fazer a parte dele no tempo divino.

E se você também está fazendo a sua parte – pensando, visualizando, sentindo e agindo –, apenas confie no fluxo de Deus. Confie no Todo e entenda que vai receber. É como se estivesse num restaurante. Quando você se senta à mesa e faz o seu pedido, tem alguma dúvida de que o prato chegará? Não, você confia. Pede e recebe.

CLAREZA NOS SEUS DESEJOS

Agora, tem um detalhe... Imagine que você pediu ao garçom um cappuccino. Mas, um minuto depois, o chama novamente e fala: "Pensando bem, quero um café". E, logo em seguida, diz: "Não, não... Vou querer uma água com gás". Cuidado se fica trocando de desejo a toda hora! É preciso ter clareza no seu processo, senão você não vai cocriar nada além de confusão. E depois ainda reclama: "Nossa, esse negócio de Lei da Atração não funciona pra mim". Funciona sim, mas você tem que ter clareza sobre o que quer.

No capítulo seguinte, vou ajudar você a definir exatamente o que deseja com alguns exercícios. Afinal, de nada vai adiantar hoje você querer um modelo de carro, amanhã outro e na semana que vem um completamente diferente. É preciso manter o foco para receber o seu desejo. Para cocriar a sua prosperidade, a clareza é um ponto importantíssimo em todo o processo. Não fique trocando de sonhos a todo momento, porque dessa forma criará nada.

NÃO DIGA NÃO

Outro detalhe essencial na Lei da Atração é que o Universo não entende a palavra "não". Como assim? Quando você concentra os seus pensamentos em algo que não quer, é isso o que vai atrair. Por exemplo, no caminho para o cabeleireiro, você pensa: "Eu não quero um corte de cabelo feio". E o que o Universo entende? Que você quer um corte feio, simplesmente porque ignora a palavra com o sentido negativo. Daí você chega no salão e o profissional faz um corte horroroso.

Outro exemplo que provavelmente já aconteceu com você: "Eu não quero me atrasar". Quem diz isso pode ter certeza de que vai perder a hora. Já passei por essa situação inúmeras vezes, até entender essa lei. Portanto, pare de usar a palavra "não" quando estiver formulando os seus desejos. Apenas afirme o que quer: "Eu quero isso... Eu desejo... Eu tenho... Eu posso... Eu faço... Eu sou...".

Assim, em vez de falar "Eu não quero que aquela pessoa seja rude comigo", diga: "Nossa, todas as pessoas me tratam bem, todas as pessoas são gentis comigo...". Olha como o negócio muda de figura! Outro exemplo: no lugar de "Eu não consigo dar conta de todo esse trabalho", fale: "Eu sou capaz de dar conta de todos os trabalhos que recebo". Troque também "Não aguento mais discutir em casa" por "Na minha casa, há sempre muita paz".

Mais uma vez, peço que você fique atento ao seu vocabulário. Lembra das palavras das pessoas prósperas? É nesse mesmo sentido... Então, a Lei da Atração é sobre isso: coloque a intenção no que você quer e tire o foco daquilo que não quer. Você é um imã, uma antena. E a sua antena está mandando o tempo todo mensagens para o Universo. É como se fossem frequências de uma estação de rádio. Se você está vibrando na AM, não dá para ouvir FM. Tenha congruência no que foca, para atrair exatamente aquilo que quer. Isso é cocriar com consciência. Praticar a Lei da Atração é muito simples, desde que você esteja consciente. Para ajudar no seu processo, vou ensinar algumas ferramentas no capítulo seguinte. Prepare-se para manifestar a sua nova realidade repleta de prosperidade.

Bora meditar?

Para ajudar você a cocriar sem dúvidas, nem ansiedade, preparei uma meditação específica para a energia do soltar. Vá para um local tranquilo, sente-se confortavelmente, aponte o leitor de QR Code do seu celular para o seguinte código, feche os olhos e entregue-se com confiança!

"Meditação do Soltar"

Leia o QR Code ao lado para acessar a meditação guiada pelo seu smartphone.

• CAPÍTULO 17 •

6 TÉCNICAS PARA ENTRAR NO FLUXO DIVINO

"Ao expandir sua consciência, você se torna um criador consciente da sua realidade. A prosperidade é o resultado de uma mente alinhada com a energia do Universo."

Joe Dispenza

Está pronto para colocar a Lei da Atração para trabalhar a seu favor? Além de ajustar a sua antena no dia a dia para a frequência da abundância, como falei no capítulo anterior, você pode dar uma ajudinha ao Universo praticando algumas ferramentas. Aqui, ensino seis delas que o aproximarão ainda mais do fluxo da prosperidade. Pode acreditar!

1 – ROTINA DA PROSPERIDADE

Existe uma rotina para elevar a sua frequência e fazer você prosperar? Sim. O modo como você leva os primeiros minutos após acordar vai determinar a forma como o seu dia vai terminar. Então, se sai da cama e já pega o celular, vendo alguma notícia ruim, isso vai baixar a sua frequência e é muito provável que, no restante do seu dia, você atraia outras situações que não sejam muito boas – lembra que um pensamento dominante atrai vários outros pensamentos semelhantes? É sobre isso... Precisamos ficar atentos às atitudes que fazemos no automático e nem nos damos conta de que podem prejudicar a nossa energia.

Adequando o meu jeito de ser às muitas dicas que estão no livro *O Milagre da Manhã*, de Hal Elrod, eu montei a minha rotina da prosperidade. Aqui, vou trazer algumas sugestões para você, mas pode adaptá-las de acordo com a sua realidade. São mini-hábitos para você ir introduzindo aos poucos:

- A atitude número um já começa na noite anterior. Para aproveitar os primeiros minutos da manhã, programe-se para dormir mais cedo. Então, não perca o seu tempo no celular rolando o Feed por páginas e páginas que não vão agregar qualquer valor a você e só vão tirar o seu sono. Da mesma forma, não pegue no seu celular assim que acordar, porque iria pôr a perder todas as outras etapas que apresentarei a seguir.
- Se você costuma programar o seu despertador acionando o modo soneca, sinto muito lhe dizer que está levando uma mensagem negativa ao seu inconsciente: permanecer dormindo é muito melhor do que encarar a realidade. E mais: que prefere viver nesse padrão de adiar, de deixar as coisas para depois. Celular tocou? Já pule da cama e desperte.
- Assim que abrir os olhos, tire de cinco a dez minutos para praticar o silêncio. Será o momento de você trabalhar o estado de presença. Você pode fazer agradecimentos ou trazer à mente bons pensamentos sobre como deseja que seja o seu dia. Também pode fazer suas orações. Se conseguir meditar, melhor ainda. Mas lembre-se de que meditar é um espaço entre um pensamento e outro. Não pense que conseguirá ficar o tempo todo sem pensar em nada.
- Se ficar no silêncio total for muito desafiador para você nesses minutos iniciais do dia, coloque uma música agradável, que eleve a sua frequência. Se tiver letra, o ideal é que traga alguma mensagem positiva – nada de sofrência! Deixe a música tocando baixinho e relaxe, sem falar nada. Mentalmente, você também pode orar, agradecer e trabalhar os pensamentos positivos para que o seu dia seja próspero, alegre e que só pessoas boas cruzem o seu caminho.

- Depois disso, dedique mais cinco minutos para fazer afirmações positivas relacionadas ao que deseja manifestar. Sugiro que já deixe uma lista preparada, colocando as frases no tempo presente, como se já fosse tudo real. Abuse de expressões como "Eu sou... Eu realizo... Eu posso... Eu tenho... Eu agradeço... Eu mereço...", para passar uma sensação de que já recebeu do Universo tudo o que quer. Procure ler em voz alta, com uma boa postura corporal, porque assim eleva a sua frequência. Mas, se não for possível, repita suas frases mentalmente. Vou dar algumas sugestões para você, mas fique bem à vontade para criar as afirmações que fizerem mais sentido ao que deseja:
  - Eu tenho uma mente milionária.
  - Eu sou a própria prosperidade.
  - A cada dia eu desperto em mim mais e mais a habilidade de fazer fortuna.
  - A riqueza circula livremente em minha vida.
  - Tudo em que eu empreendo cresce e prospera.
  - Eu sou extremamente próspero.
  - A minha mente é abundante.
  - O meu ser é próspero.
  - Eu mereço toda a riqueza que vem até a mim.
  - Eu crio mais e mais possibilidades para prosperar todos os dias em minha vida.
  - A cada dia, mais e mais, eu tenho despertado a prosperidade que já está disponível para mim.
  - Infinitas fontes de renda chegam até a mim de diversas formas.
  - O dinheiro flui livremente em minha vida.
- Após as afirmações, tire mais cinco minutinhos para você visualizar. Por exemplo, se já sabe que tem uma reunião importante naquele dia, feche os seus olhos e já se veja num trânsito livre para chegar na hora certa e que tudo vai correr bem na sua atuação junto aos companheiros de trabalho. Na sua mente, coloque todas as intenções do que deseja para

aquele dia: alegrias, conquistas, vitalidade, boa saúde... Sinta como se tudo já estivesse acontecendo perfeitamente.

- Agora, vem algo que, para mim, tem que estar no topo das suas prioridades: a atividade física. Além dos inúmeros benefícios ao organismo que você já conhece, ela vai elevar a sua frequência vibracional e impulsionar a sua criatividade. No mínimo, pratique de 15 a 20 minutos. Existem muitos vídeos gratuitos no YouTube com exercícios para serem feitos em casa. Pode ser até mesmo ioga ou dança. Você também pode fazer uma caminhada ou subir e descer as escadas do seu prédio. O grande objetivo é vencer os seus padrões de rigidez. Permita-se se soltar.
- Em seguida, introduza o hábito da leitura durante apenas 15 a 20 minutos. Você não imagina o quanto vai expandir a sua consciência! Se você fizer isso todos os dias, em um ano terá lido o equivalente a 18 livros. E é como diz Einstein: "Uma mente que se abre para uma nova ideia jamais voltará ao seu tamanho original". Aproveite para ler mais livros que falem sobre prosperidade. Também pode aproveitar esse tempo para ouvir audiobooks disponíveis no YouTube ou *podcasts* nos aplicativos de *streaming*. O importante é ter acesso ao conhecimento.
- Por último, dedique mais cinco a dez minutos para a escrita. Pode ser um diário contando algo que aconteceu com você, um caderno da gratidão, um bloquinho em que rascunhe os seus projetos e as suas ideias... Mas faça isso a mão mesmo, com caneta e papel. Você não tem noção da chuva de *insights* que vão surgir a partir desse hábito!

Então, essa é a rotina que sugiro a você amorosamente. Não é uma imposição. Proponho que faça por 21 dias seguidos, que é o tempo da persistência e da disciplina. Depois disso, esses bons hábitos, possivelmente, estarão instalados, contribuindo bastante para o seu fluxo de prosperidade.

2 – QUADRO DE VISUALIZAÇÃO

Vamos agora focar especificamente nos seus sonhos, com o quadro de visualização. Vou ensinar três formas de você fazê-lo. Na primeira, pegue uma cartolina e separe imagens que representem os pilares que você quer alterar na sua realidade, como a sua conta bancária, a sua saúde e o seu trabalho – mas, na verdade, tente trabalhar todas as áreas da sua vida, lembrando, como disse lá no início deste livro, que ser próspero não é apenas ter dinheiro. Em seguida, faça uma colagem na cartolina. Para conseguir essas imagens, sugiro recorrer a revistas ou ir no Google ou no Pinterest, baixar as que preferir e imprimir.

Além disso, você pode escrever uma afirmação nesse quadro, como "Tudo o que eu quero eu tenho", "Tudo o que eu quero vem para mim", "Mereço e atraio tudo o que eu quero e sou grato ao Universo por ser assim" ou "Tudo o que eu coloco nesse quadro se manifesta de maneira leve, amorosa e alegre". Crie a frase que fizer mais sentido para motivar você. Quadro pronto? Prenda-o na parece e passe a olhar para ele todos os dias, colocando em prática o poder da visualização.

A segunda forma é pegar uma caixa (de papelão mesmo, por exemplo) e colocar dentro dela imagens dos seus objetivos – viagens, trabalho, dinheiro, amor... Tudo o que quiser! Lembre-se de todo dia dar uma espiadinha no conteúdo dessa caixa. Essa alternativa é mais indicada para quem não mora sozinho e deseja alguma privacidade em relação aos seus sonhos.

A terceira forma é virtual. Você pode criar uma pasta no seu computador – ou mesmo uma conta no Pinterest – para armazenar as imagens do que tanto deseja. Por exemplo, se quer emagrecer, coloque uma pessoa comendo saudavelmente e fazendo exercícios; se quer ter um filho, ponha fotos de gestantes, bebês ou crianças.

É uma boa ideia criar subpastas com cada área de sua vida. Assim, já direciona as imagens de maneira mais organizada e focada. E, todo dia, vá lá dar uma verificada no que deseja manifestar.

Claro que, de tempos em tempos, você pode mudar de sonhos. Então, é só ir eliminando as imagens que não reverberam mais com você e trazer outras. E prepare-se para grandes surpresas ao ver que, aos poucos, seus sonhos vão se tornando realidade.

3 – CARTA PARA O FUTURO

Em mais essa ferramenta para manifestar a prosperidade, sugiro que você vá para um ambiente calmo, em que saiba que não será interrompido, e coloque uma música com uma frequência elevada. Pegue papel e caneta e prepare-se para abrir o seu coração. Você irá escrever uma carta, contando tudo o que deseja que aconteça no seu futuro. Use as frases no tempo presente ou passado. E determine em qual data deseja voltar a ler esse conteúdo (daqui a seis meses, um ano, dois anos...).

Vou dar o exemplo de alguns possíveis trechos:

- Eu me sinto realizado porque abri a loja de presentes que sempre sonhei e o meu faturamento já chega a...
- Estou tão feliz porque a minha loja já tem cinco filiais na minha cidade e eu gero emprego a um grande número de pessoas.
- Minha vida é muito próspera. Tenho sempre dinheiro na conta, meus relacionamentos melhoraram, dou uma vida melhor aos meus filhos e consigo ajudar os meus pais.
- Eu já fiz várias viagens pelo mundo. Conheci os lugares dos meus sonhos, como Paris e Nova York.

- Moro numa casa grande e linda, e tenho na garagem o carro SUV que sempre desejei.

Esses são apenas direcionamentos para você se basear. Coloque no papel tudo o que deseja sem limitações. Aproveite e também inclua um conselho para o seu eu do futuro, como: "Estou muito orgulhoso de você. Continue nesse caminho e jamais desista". Deixe, mais uma vez, o seu coração falar. E, ao final, coloque a data do dia em que está escrevendo.

Guarde a sua carta num local onde só você tenha acesso e, no tempo em que estipulou, volte a abri-la. Você vai ficar chocado ao ver que conseguiu cocriar tudo – ou praticamente tudo. Será uma sensação maravilhosa!

4 – SAÚDE DA CARTEIRA

Agora, vou ensinar uma prática tão simples e, ao mesmo tempo, tão real. Ela mostra que o estado da nossa carteira influencia a nossa saúde financeira. Na época em que eu vivia endividada, a minha bolsa, a minha carteira e a minha gaveta de trabalho refletiam muito o que estava no meu interior. Seja sincero: a sua carteira está cheia de papeizinhos, como aqueles recibos de compras que você guardou para conferir depois, mas nunca fez? Será que a sua bolsa está guardando um monte de contas a pagar dobradas? Lembre-se de que a organização traz prosperidade!

Então, organize a sua carteira deixando tudo bonitinho dentro dela. Coloque apenas os seus documentos, o cartão do banco e do plano de saúde e, por mais que hoje em dia o dinheiro circule demais eletronicamente (via pix e transferências), procure manter dentro dela alguma quantia – por menor que seja, para que você possa sentir essa energia de troca. Mas nada de deixar o dinheiro todo amassado ou embolado. Ele precisa estar dentro de uma organização. E lembre-se: dinheiro não é sujo.

Quer outra dica preciosa? Recomendo que deixe na sua carteira a nota de maior valor que tiver, para atrair ainda mais. Ela vai ser a nota do "eu posso!". Toda vez que você abrir a sua carteira e vê-la, dirá ao seu inconsciente: "Eu tenho dinheiro". Olha que sensação deliciosa! Ou então, quando estiver passando em frente a uma loja em que deseja comprar algo que considera muito caro, olhe para essa nota e diga: "Escolho investir você em outro momento. Sei escolher sabiamente a hora apropriada para investir em algo". Ou seja, como já ensinei, nada de falar "Eu não posso comprar" ou "Não tenho dinheiro". A energia aqui é outra.

Observe, ainda, as suas moedas. Se você deixa que elas fiquem espalhadas pela casa, passe a dar valor a elas também. Organize direitinho na sua carteira ou tenha um porta-moedas. A partir de hoje, passe a dizer: "Dinheiro, muito obrigada. Eu amo você. Eu amo o dinheiro e o dinheiro me ama".

E uma última dica: se trabalha em casa, como eu, procure manter uma nota de dinheiro em seu escritório. Na minha mesa, tenho R$ 100 sempre à mostra. Mas pode ser o valor que você quiser. O importante é estar vendo a energia do dinheiro circulando por toda a parte. Mostre para ele que é bem-vindo na sua carteira e na sua casa também.

5 – DINHEIRO INESPERADO

E que tal manifestar um dinheiro que não estava esperando? Isso é possível sim. Nessa técnica, para você sentir a sua potência de cocriador, vou pedir que determine o valor de uma nota. Por exemplo, a de R$ 100. Feche os seus olhos. Agora, mentalmente, veja que essa nota está em suas mãos. Sinta a textura do papel, visualize o número 100 e o

desenho do peixe em seu verso, escute o barulho ao manusear a cédula. Perceba a energia desse valor chegando até você. Sentiu? Essa nota é sua, já está disponível. Respire fundo, abra os olhos e solte para o Universo.

Dentro de alguns dias ou até mesmo em algumas horas, pode ser que você receba um pagamento inesperadamente. Ou alguém pode chegar até você e lhe dar uma nota de R$ 100. Porém, não fique pensando como esse dinheiro vai chegar. Existem infinitas possibilidades. Essa técnica é simples e, acredite, muito eficaz.

6 – VISUALIZAÇÃO PARA MUDAR A SUA FREQUÊNCIA

Por último, trouxe para você uma técnica do queridíssimo Neville Godard, que foi um importante autor e palestrante na área da metafísica, falecido em 1972. Apesar da data, todos os seus ensinamentos seguem muito atuais. Essa prática é recomendada para aqueles dias em que você se aborrece e sua energia fica lá embaixo. Desse jeito, não tem como você atrair a prosperidade, não é mesmo?

Então, na hora em que for dormir – cerca de uns cinco minutos antes de pegar no sono, quando o seu inconsciente já não apresenta tanta resistência –, faça uma revisão de tudo o que aconteceu ao longo do seu dia e, quando observar que ocorreu algo desagradável e que gerou em você um sentimento de baixa frequência, reviva essa situação da maneira como gostaria que tivesse sido. Isso vai trazer para você uma outra emoção, uma outra frequência.

Em resumo, você vai recriar a história de uma maneira positiva. Visualize a situação tendo um desfecho maravilhoso. Veja a cena com riqueza de detalhes, percebendo a roupa que você e as pessoas estão usando, os barulhos do local, a mobília... Tudo! Quanto mais elementos você trouxer para a sua visualização pouco antes de dormir, melhor. Depois, pode cair no sono tranquilo, porque a sua energia estará completamente modificada.

Esse exercício é muito eficiente e eu sempre o uso, quando necessário. Comigo dá muito certo. No dia seguinte, acordo com a minha vibração lá em cima e, às vezes, até amanheço com uma ideia. Por isso, recorra sempre que precisar. Lembrando: a prosperidade se manterá com você quando as suas energias estiverem em alta.

Gostou das técnicas? Então bora praticar!

Bora meditar?

Além das ferramentas que aprendeu neste capítulo, que tal trabalhar a Lei da Atração com a ajuda de uma meditação? Vai ser ótimo para deixar a sua frequência bem alta, em consonância com o fluxo da prosperidade. Assim, procure um local em que sabe que não será interrompido, fique numa posição confortável e aponte o leitor de QR Code do seu celular para o seguinte código. Feche os olhos, respire fundo e se deixe guiar pelas minhas palavras.

"Meditação da Abundância"

Leia o QR Code ao lado para acessar a meditação guiada pelo seu smartphone.

• CAPÍTULO 18 •

VOCÊ DESPERTOU!

"A expansão da consciência eleva sua vibração e abre portas para a prosperidade. Quando você transcende os níveis mais baixos de consciência, como o medo e a culpa, atrai abundância naturalmente."

David R. Hawkins

Parabéns, afortunado! Você chegou ao fim do seu processo de despertar. Agora, faça o que tem que ser feito para trazer a prosperidade a todos os níveis de sua vida. Seja o que for! Levantar cedo para ir à academia, cortar o doce ou o glúten, estudar algo novo, fazer uma *live*... – mesmo que, inicialmente, só assistam poucas pessoas, se apenas uma for atingida, já deu certo.

Entenda que pessoas prósperas agem como profissionais. Elas sabem que, se fizerem algo rumo a seus objetivos todos os dias, com o tempo elas vão conseguir o resultado que desejam.

E levam isso a sério, com a sua alma. Compreendem que é uma construção que pode demorar, mas que é preciso começar por algum lugar e manter a constância, a consistência. É um passo a passo.

E você, até quando vai ficar falando sim para as distrações? Pessoas prósperas conseguem dizer não para as coisas capazes de afastá-las de seu foco. Já quem possui a mentalidade escassa toca os seus projetos como um amador: "Ah, eu vou fazer isso quando tiver um tempinho...". Só que o tempo nunca chega. Você precisa, então, levar muito a sério o caminho que está descortinando a partir de agora. Aja como um profissional também!

Caso contrário, parece que você não tem medo da escassez... E sim que tem medo da abundância, de ter muito dinheiro! Afinal, quando atingir esse patamar, vai acabar lidando com crítica, inveja, isolamento de algumas pessoas... É um preço a se pagar, mas você precisa se bancar diante disso. Não ligue para certas pessoas que podem surgir no seu caminho tentando desestabilizar a sua mentalidade próspera. Simplesmente ouça o que elas falam e observe se algo faz sentido para você. O que não fizer, jogue fora.

Existe uma história que ilustra bem isso. Havia um balde cheio de caranguejos, e um deles, que era mais danadinho, disse: "Não vou ficar aqui, não. Tá muito apertado, tá muito ruim. Vou sair daqui e voltar pro mar, pra abundância". E então ele começa a subir, a subir, e quando o restante dos caranguejos percebe que ele está quase chegando lá, diz: "Opa, você não vai sair daqui não!". E o puxam de volta para dentro do balde.

O mesmo pode acontecer com você quando as pessoas perceberem que está tomando atitudes para mudar a sua vida. Mas elas não fazem isso por mal. Todo ser humano é assim: naturalmente, acham melhor ficar na zona de conforto. Isso porque o nosso cérebro quer economizar energia, não quer ter trabalho. Para sobreviver, basta ficar ali no básico, no medíocre. Porém, você aprendeu uma lição importantíssima neste livro: coloque sempre a energia do se bancar. Você tem que ser mais forte.

> **O mundo pode estar caindo sobre a sua cabeça, mas você precisa dizer a todos: "Eu vim aqui para prosperar, eu vim aqui para ser o melhor".**

Prosperar é sair da zona de conforto. Se você se movimentar, o mundo vai se movimentar. Você acha que todas as pessoas que já criaram algo grandioso – como os inventores, cientistas, artistas ou empreendedores – foram abençoados por Deus e passaram por essa vida sem resistência, sem autossabotagem? Claro que não! Isso acontece com todo mundo. E se mesmo assim elas conseguiram – e são seres humanos iguaizinhos a você –, saiba que você também é capaz de conquistar qualquer coisa.

Mas, para isso, precisa de quê? Sentar e fazer. Por menor que seja a ação. É se comprometer e realizar o movimento. Não tem magia, não tem mundo lúdico... Na vida, você tem que manter os pés no chão e cair para dentro da prática. Também não existe milagre. É você quem faz o seu milagre! E isso se dá pela persistência. Todos os dias, você precisa falar para as suas fontes de resistência internas e externas: "Olha, sou em quem manda aqui e vou fazer". O segredo está em você colocar a sua energia. E assim, aos poucos, vai prosperando...

EU PASSO POR ISSO TODO SANTO DIA...

Se você quer saber, não tem um dia que a danada da resistência não venha me falar: "Ah, Renata, vou pegar você agora!". Eu e ela vivemos num constante cabo de guerra. E sabe por que eu nunca desisto? Porque tenho comprometimento! E prepare-se: o mesmo vai acontecer com você. Principalmente quando estiver pertinho de alcançar aquilo que tanto deseja e já persistiu bastante. Nessa hora, o chicote vai estalar, ou seja, vão acontecer ainda mais mecanismos da resistência até que você diga: "Deixa pra lá... Não vai dar certo mesmo... É muito trabalhoso...".

É exatamente nesse momento que você precisa insistir. Acredite: como você está próximo de seu grande projeto, de seu grande sonho – que fará bem não só a você, mas a muita gente –, a resistência vai dar os golpes finais para o derrubar. Seja ainda mais forte! Vá para cima! Tenha a consciência de que você merece.

Olha, é um desserviço você estar aqui neste planeta e não fazer aquilo que deve. Existe um chamado de Deus, do Universo. E quando você não o escuta, sabe o que acontece? A sua vida fica bloqueada. A prosperidade começa a minar e tudo passa a dar errado.

Mas você não vai deixar isso acontecer, não é mesmo? Afinal, aprendeu tantas coisas nestas páginas e sua consciência se expandiu. E lembra das deusas Saravasti e Lakshmi? Sabedoria e prosperidade andam juntas! Finalmente, você acordou, tirou a venda dos olhos. E o agora é uma benção!

Não importa quantos anos tenha, e sim que neste exato momento está decidido a fazer diferente. Você pode, você consegue.

Afortunado, a prosperidade despertou em você! A consequência de sua nova mentalidade será a chegada natural da abundância em todas as áreas de sua vida.

Assim como eu já despertei um dia e consegui mudar 100% da minha realidade, agora chegou a sua vez. E eu confio em você!

Desejo que tenha muita felicidade! E lembre-se: você é o cocriador da sua vida abundante! Aproveite!

Beijos!

Renata Peixoto

Lembrete final: *volte ao Capítulo 2 e refaça o exercício para ver o quanto o seu estado de consciência mudou. Tenho certeza de que irá se surpreender!*